東北大学大学入試研究シリーズ

変革期の大学入試

金子書房

「東北大学大学入試研究シリーズ」の刊行に当たって

　わが国において，大学入試というテーマは，誰しもが一家言を持って語ることができる身近な話題である反面，一部の例外を除き，研究者が専門的に研究すべきテーマとはみなされていませんでした。圧倒的多数の人にとって試験や入試は思い出したくない嫌な記憶でしょうから，必然的に大学入試は「好ましくないもの」という位置付けで語られ続けることになります。一方，時代によって機能の大きさや役割が変化するとはいえ，大学入試は多くの人の将来を定めるものであり，社会の未来を担う若者を育てる教育の一環として社会的に重要な位置を占める制度です。

　1999年（平成11年）4月，東北大学アドミッションセンターは国立大学で初めて AO 入試を実施する専門部署の一つとして発足しました。それは同時に，大学に設けられた初の大学入学者選抜（大学入試）研究の専門部署の誕生でした。東北大学アドミッションセンターの設立から20年が経過し，各大学に教員を配置して入試を専管する部署が普及してきました。個々の大学を見れば，その位置付けや期待されている機能は様々ですが，大学入試が単なる大学事務の一部ではなく，専門性を持った分野として捉えられつつあることは喜ばしい環境の変化と感じています。この度，令和元〜令和4年度（2019〜2022年度）日本学術振興会科学研究費補助金挑戦的研究（開拓）「『大学入試学』基盤形成への挑戦——真正な評価と実施可能性の両立に向けて——」（課題番号19H05491）の助成を受けたことをきっかけに，10年以上に渡って温めてきた学問としての「大学入試学（Admission Studies）」の創設に向けて，具体的な歩みを始める時が来たと感じました。その証として，これまで刊行された文献に書下ろしの論考を加え，「東北大学大学入試研究シリーズ」を創刊することとしました。大きく変動する社会の中で，実務の最前線で行うべきことは何かを識るとともに，「百年の大計」の下で教育における不易（変えるべきではないもの）と流行（変えるべきもの）を見据える一つの参照軸を創生することを目指します。

2020年1月　シリーズ監修　倉元直樹

はじめに

　本書は「東北大学大学入試研究シリーズ」の第3巻という位置づけにある。ただし，既出論考の再録を中心に構成した第1巻『大学入試学の誕生』，第2巻『大学入試センター試験から大学入学共通テストへ』とは，趣を異にする。前1・2巻が理論編とすれば，本書は実践編といえる。

　本書は，令和元年（2019年）5月15に開催された「第30回東北大学高等教育フォーラム『入試制度が変わるとき』」で行われた基調講演，現状報告，討議の内容を基に書き下ろされた原稿に，テーマに関連した論考を加えた構成になっている。

　東北大学高等教育フォーラムとは，監修者と編者が籍を置く組織が，企画・運営するイベントである（詳しくは，第1巻の第1部 Introduction と第4章を参照していただきたい）。そして，フォーラムの成果を，東北大学出版会から「高等教育ライブラリ」シリーズとして刊行してきた。「高大接続改革答申」（中央教育審議会，2014）が出された翌年，平成27年（2015年）からは，今回の入試改革をテーマにしている。これまでの5年間のフォーラムとそれに基づく書籍を通して，今回の入試改革の再考を促す見識とエビデンスを発信し続けてきた。本書は，その系譜を引き継ぐものである。

　この意味で，タイトルにある「変革期」とは，基本的には今回の入試改革を指す。しかし，含意するところはそれだけにとどまらない。我々の記憶に新しい，共通第1次学力試験の導入，大学入試センター試験への改革をも含めている。そうした歴史から，今回の入試改革に対して何を類推し，何を教訓として生かせるか——。本書のベースとなった第30回フォーラムは，それを探るべく企図されたものであった。

　本書は4部から構成される。第1部は，フォーラムで基調講演者を務めた大谷奨氏と倉元直樹氏の論考からなる。第1章の大谷奨氏は，共通第1次学力試験が始まるとき，国会，文部省（当時），国立大学協会，大学，全国高等学校長協会，高等学校が何を考え，どう行動したのかを多様な歴史的資料

から詳らかにする。第2章の倉元直樹氏は，共通第1次学力試験から大学入試センター試験へと変わろうとしたとき，東北大学にもたらされた「被害」と，その帰結として，いかにして「東北大学型 AO 入試」と称される独自のAO 入試が誕生するに至ったかを明らかにする。

第2部は，フォーラムで現状報告者を務めた3名の高校教員の論考からなる。第3章の廣瀬辰平氏，第4章の渡辺豊隆氏は，地方の伝統校という立場から，今回の入試改革に試行錯誤しながらどう対応したかの実情を語る。所在地域から寄せられる期待の高さという点では両校は同じ状況ではあるが，改革への対応は対照的である。どちらが正しいとか，間違いとかではなく，どちらも高校現場の現実である。第5章の宮本久也氏は，全国高等学校長協会会長として今回の入試改革に関わる委員会のメンバーであった。いわば歴史の「証人」であり，その言説は重い。大所高所から見た今回の入試改革の問題点とともに，高校の実情と大学への要望を述べる。

第3部は，フォーラムのテーマに関連したさまざまな観点からの4つの論考からなる。第6章の羽藤由美氏は，英語教育の研究者かつ教育者としての見識に依拠して，今回の入試改革の柱の1つである英語民間試験の活用の問題点を舌鋒鋭く追及する。そして，それだけにとどまらず，建設的な対案を提起する。第7章の伊藤博美氏は，国語を専門とする高校教員の立場から，共通第1次学力試験，大学入試センター試験，大学入学共通テストの試行調査における国語の問題を比較検討する。そのエビデンスに基づき，今回の入試改革の課題を浮き彫りにする。第8章の石井秀宗氏，寺嶌裕登氏，橘春菜氏，永野拓矢氏らは，受験する側の立場から見た今回の入試改革の効能について検証する。受験する側が入試改革をどう受け止めるかを探ることはきわめて重要な観点である。さらに，第9章の石井光夫氏は，日本と時を同じくして入試改革が始まった中国，韓国，台湾の状況を報告する。各国とも，日本が直面している課題と同様の課題と対峙しており，解決法の異同は示唆に富む。

第4部には，第10章として，本書のベースとなった第30回フォーラムでの討議の記録を収載した。新しい入試制度に対する疑念や不安が払しょくされない状況の中で，本書の第1部，第2部の執筆者たちが，何を憂い，何を語ったのかの記録である。

　以上のいずれの論考に通底するのは，入試を変革しようとする側の「理念」と，それを受け止める側の「現実」とのギャップである。この点について，我々の認識をより高次の段階へと導く道標がある。それは，いわゆる「四六答申」（文部省，1971）で，そこでは入試改革の歴史を，「公平性の確保」「適切な能力の判定」「下級学校への悪影響の排除」という原則のいずれに重きを置くべきかという試行錯誤の繰り返しであった，と総括している。これら3つの原則のうち，今回の入試改革では，何に偏重し，その結果，何が毀損されようとしていたのか——。そうした観点からも，本書を是非，読み進めていただきたい。

　本書の多くの原稿は，令和元年（2019年）の秋頃に執筆されたものである。前提として，大学入学共通テストでは英語民間試験の活用と記述式問題の出題が実施されることを想定していた。周知の通り，前者は見送り，後者は見直しとなった。前提が一変したが，編者からは，各執筆者にそうした状況にあわせて原稿を大幅に修正することをあえて要請しなかった。そのとき，その状況で何を考えたのか，何を予見したのかを記録として残すべきと考えたからである。この点にこそ，「実践知」としての「大学入試学」の意義があると考えた次第である。

　本書の出版にあたっては，金子書房の井上誠氏にはたいへんお世話になりました。本書のベースになった第30回フォーラムに参加していただき，本書の着想から出版に至るまでご尽力いただきました。この場を借りて感謝の意を表します。

編者　宮本友弘

文　献

中央教育審議会（2014）．新しい時代にふさわしい高大接続の実現に向けた高等学校教育，大学教育，大学入学者選抜の一体的改革について——すべての若者が夢や目標を芽吹かせ，未来に花開かせるために——（答申）文部科学省 Retrieved from https://www.mext.go.jp/b_menu/shingi/chukyo/chukyo0/toushin/__icsFiles/afieldfile/2015/01/14/1354191.pdf（2020年4月8日）
文部省（1971）．今後における学校教育の総合的な拡充整備のための基本的施策について　中央教育審議会答申　大蔵省印刷局

目　次

第4部　第30回東北大学高等教育フォーラム
　　　　「入試制度が変わるとき」から

第1部

共通テストの変革理念の軌跡

第1章

共通第1次学力試験の導入とその前後[1]
——何が期待され何が危惧されたのか——

筑波大学人間系　教授　大谷　奨

第1節　はじめに

　ここでは，能力開発研究所テスト（能研テスト）廃止後から共通第1次学力試験（以下，共通1次）[2]導入時までに焦点を当て，この共通テストに何が期待され，何が危惧されたのかを考察する。また導入数年後までの動きも追うことで，その期待や危惧は現実のものとなったのか（あるいはなってしまったのか）についても確認を試みる。

　この共通1次導入に際しては，終始国立大学協会（国大協）主導で議論が進められていくが，それに対する期待や不満は新聞紙上や国会で頻繁に示されていた。そのため本稿では，主として新聞記事[1)]，国会の会議録を分析対象として考察を進めてみたい。

第2節　能研テストの失敗と新しい共通テストの模索

　周知のように，共通1次は能力開発研究所が数回にわたって実施した能研テストの後継に位置する。昭和37年（1962年）10月，中央教育審議会（中教審）は中間報告「大学入学試験について」を公表し，そこで「高等教育をう

1　本稿は，JSPS科研費JP16H02051の助成に基づく研究成果の一部であり，2019年5月15日に開催された第30回東北大学高等教育フォーラム「入試制度が変わるとき」において基調講演を行った際の発表原稿に大幅な加筆修正を加えたものである。

2　本書では，大学入試センター刊『大学入試フォーラム No.13 特集：大学入試用語集』（1992年）に従い，「共通第1次試験」及び「第2次試験」（略称も含む）の表記には算用数字を使用する。ただし，引用文献・資料等において漢数字で表記されている場合は，そのままとする。

けるにふさわしい適格者の選抜にあたって」「共通的，客観的なテストを適切に実施することとする」と述べている。この中間報告ののち，翌1月に実施主体である能力開発研究所が最終報告を待たずに設立され，第1回目の能研テストがその年の11月に実施される。この流れは，性急であったと受け止められ，能研テストがわずか6年で廃止され長続きしなかった理由の一つとされている。また国立大学の協力を得られなかったことや，当時主流であった能力主義を色濃く反映した政策への反発も能研テスト失敗の理由と考えられる。

　ただ，激しい受験競争を緩和することは全国的な問題であった。共通の入試問題を課すという方策についての模索が途絶えたわけではなく，昭和46年（1971年）の中教審のいわゆる四六答申では，再びこの問題が政策課題として掲げられている。四六答申は学校制度全般にわたる幅広い答申であったため，大学入試の問題は全体の中では目立たなかったが，「大学入学者選抜制度の改善の方向」として「共通テストの開発」が提言されていた。

　この答申に際しては，第26特別委員会や大学入試合同小委員会が大学入試の在り方について集中的に論議していた。これらの委員会におけるとりまとめを見ると，①高等学校における調査書の改善とその調査書を入学者選抜の基礎資料とすること，②高等学校の評価水準の格差を補正するための広域的な共通テストの導入が改善の鍵となるとしている。とりわけ小委員会では，入学者選抜はこの二つで行い，「大学側がとくに必要とする場合には……特定の能力テスト，論文テストまたは面接の結果を総合的な判定の資料とすることもさしつかえない」として，個別学力検査は原則として行わないことを念頭に置いて議論が進められていた。ここから共通1次導入に至る論議が本格化するのであるが，当初は高等学校の調査書と共通テストの併用が模索されていたこと，さらに言えば共通テストは調査書を補正するために行うという主従関係を想定していたことに注意をしておきたい。

　このような能研テストに代わる共通テストの実施については，中教審だけではなく，文部省大学学術局長の私的諮問機関として設置された大学入試改善会議（以下，改善会議）でも検討されており，四六答申に先んじて，昭和45年（1970年）12月に中間報告として「共通学力検査」の実施を提唱している。翌年末の最終報告も，「学力検査だけでは判断しがたい能力・適性を示

す総合的な資料で」ある調査書を「多角的に活用」すべきことと，「学習指導要領に準拠しつつ，基礎的理解力と応用的能力を十分に検出できる」「共通学力検査」の実施が推奨されており，高等学校の調査書と共通学力検査を重要視する報告となっている。

第3節　共通テストの議論の進展と調査書の議論の後退

1. 共通テストをめぐるマスコミの論調

　次に，共通1次導入までの議論の進展と，それを伝える新聞の論調について見てみよう。まず前述のように昭和45年（1970年）末，改善会議が中間報告を示した際，例えば北國新聞は「内申書（調査書；筆者註），全国共通テスト，大学側の学力検査，面接など多角的な資料を使う」と紹介し[2]，社説では「全国共通学力テストを多角的選抜方法の中での一環として位置づけ，第二次学力テストの有無は大学当局の選択に任せる」というこの「中間発表の方向が今後の検討の主たる対象となるべきだと思う」として「改善が多角的に論議される段階から総合的に実施される段階へ移る時期を早めるよう期待したい」と述べている。

　その翌年改善会議は最終報告を行う。その内容は中間報告と大きく変わるものではないが「（共通テストと個別学力検査という；筆者註）両方のテストばかりではなく，調査書，実技，面接，小論文などを総合して判定するのが望ましい」と一歩踏み込んだ提言がなされていた。これについて新聞社説は，「総合的に選抜してゆく方向をとることは，高校教育の充実即大学入試に結びつくことになろう」，また「高校教育者の組織が自主的に提唱した声が生かされている，という意味で，こんどの最終案は支持されてよい」と好意的に受け止めている。その上で，「多くの大学」が示している「高校の調査書を信用できないとの態度」「にはそれなりの理由があると思う」としながらも，「受験生の在学三年間の総合評価をどうして適正に行うか」について「大学と高校の信頼し合える協力体制」のもと「話し合いの中で長い期間をかけて結論づけてゆく必要がある」としている[3]。

２．調査書の取り扱い

　この後，議論の舞台は中教審や改善会議から国大協へと移り，大学主導で方針が固められていくことになる。昭和47年（1972年）10月，国大協は「全国共通第一次試験に関するまとめ」を示す。ここでは，原則として１次試験と２次試験の結果を組み合わせて用いる，その利用方法は大学の自由とする，１次試験の結果を足切りに使うことができる，１次試験の結果のみを合否判定に用いることは望ましくない，といった共通テストの利用方法については詳しく述べる一方，調査書の取り扱いについては単に別に定めるとされていた。これについて新聞は，「国大協がこの（調査書の；筆者註）問題を棚上げにして共通テストを論ずること自体に，"技術あれども理念なし"の改革案だといわざるを得ない」と批判している[4]。本来であれば，調査書，共通テストそして必要に応じて大学が行う個別選抜の三本柱で大学入試改革が進められるはずであったが，国大協で論議が進むに連れ，共通テストと個別テスト，すなわち１次試験と２次試験の内容や関係に重点が置かれるようになるのであった。

◆◇◆

第4節　「一発勝負」から「一発勝負」へ

１．一期校・二期校問題

　共通テストの導入に対しては，「一次，二次の結果を総合的に判定すれば現行の"一発勝負"の弊害が是正できる」[5]，つまり１回限りの学力試験だけではなく複数の評価方法を組み合わせ丁寧に選抜することで，受験生の能力や適性をうかがうことができるのではないか，という期待があった。しかし，この入試改革を機会にもう一つの懸案を解消しようとする動きにより，国立大学の受験機会は１回に限られてしまい，別の意味で一発勝負化することになる。

　戦後の新制大学発足時から国立大学は大きく二つのグループに分けられ，当時，受験生は前半のグループと後半のグループからそれぞれ１大学ずつ志願することができた。いわゆる一期二期校制である。これは受験生に複数の受験機会を与えることができる一方，一期校に有力大学が集まっていること

で，二期校との大学間格差が生じてしまい，とりわけ二期校における教育上の弊害が指摘され続けていた。なかには「二期校にはたいへんなコンプレックスがある。不満がある。これがいろいろと学校紛争につなが」っていると極論する向きもあった[6]。そこで文部省は昭和48年（1973年）5月に，改善会議に一期二期校制度の抜本的な再検討を要請する。もともとこれは共通テストとは無関係の課題であったが，新聞によると会議席上では「共通テスト実施との関連で検討すべき」との声もあがったという[7]。同紙は，文部省は共通テストと一本化をからめることで共通テストの結果で適切な進路選択ができるとしているが，「一回しか受験できなくなる」ことで「受験生にとっては"一発勝負"に追い込まれることにもなりそう」だとも報じている。

　昭和49年（1974年）6月に国大協が入試時期を一本化することを決めた際にも，マスコミは全国高等学校長協会が反対しているとして，「早急に実施に踏みきるのを避けるべき」と述べるが[8]，翌昭和50年（1975年）3月に一期校二期校の廃止と共通テストは昭和54年度（1979年度）入試からセットになって実施されることになった。新聞の解説によると「一本化の実施について高校側の反発は強かった」が，「大学選択が慎重になる」「受験戦争の熱さましの効果があり，大学間の格差もなくなる」という文部省と大学側の「説得」に対し，「共通一次テストや内申書重視などと絡ませての実施なら」と高校側が最終的に応じたという[9]。つまり国立大学の受験チャンスは1回きりとなるが，その選抜に際しては学力試験だけではない丁寧な選考が行われることに高校側は期待したことになる。

　しかし前述のように，国大協は選抜の際の重要な資料となるはずであった調査書の取り扱いについては棚上げにし，なおかつ共通1次と個別の2次の組み合わせは各大学の裁量としていた。そのため，高校や受験生側は，大学が個別に行う2次試験の工夫に期待せざるをえなかったが，これに対し国大協はどのように対応したであろうか。

2．2次試験の取り扱い

　国大協入試改善調査委員会は昭和51年（1976年）4月に報告書を公表するが，そこでは2次試験は共通1次に課せられていない科目に限る，同一科目を出題する場合には記述力，考察力，表現力などを評価する論文形式にする

こと等がガイドラインとして示されていた。そのため大学が2次試験の方法を工夫して「『論文』『面接』『実技』などの適宜な組み合わせですまされれば，受験生の負担はかなり軽くなるであろう」と期待する論調も見られた[10]。しかし一方でこの報告書に強制力はなく，上記ガイドラインは各大学へ「要望する」と表現されており，それゆえ「共通一次テストに屋上屋を重ねる二次テストへの強力な"歯止め"にはほど遠いニュアンス」であるという厳しい見方もあった[11]。

　期待と批判が入り交じる中，同年の11月に国大協は総会において，共通1次を昭和54年度（1979年度）入試から実施することを決定する。しかしこの時点でも「二次試験の在り方について各大学は自主的な検討を進め」るとされており，この発表を受けた高校教員は，「二次試験については出来れば学科試験をやらない方向で，面接，実技などを主としたもの」になればと述べている[12]。難問奇問を排除するための共通テストの実施については，高校も大学も世論も賛意を示していた。その実施が決まり，この翌年から，国は大学入試センターの創設準備に入り，各大学も2次試験の具体的内容を公表してゆくことになる。

◆◇◆

第5節　大学入試センターの設立と国会の議論

1．国立学校設置法の改正

　共通テストの問題作成や実施のための主体が必要だという認識は，すでに昭和47年（1972年）10月の国大協の報告「全国共通第一次試験に関するまとめ」において見られ，当初は良問研究を行う専門委員会の所属先として「国立大学附置共同利用入試研究センター」の設置が検討されていた。これが昭和50年（1975年）4月公表の「国立大学入試改善調査研究報告書」では試験実施機関としての機能も併せ持つ「国立大学共通第一次入試センター（仮称）」として構想されている。これが大学入試センターの原型と言えよう。

　昭和51年（1976年）暮れから始まった第80回国会では，大学入試センター設置に伴う予算と，国立学校設置法の改正が提案される。大学入試センターを共通1次の実施機関として開設するためにはこの法律の改正が必要であっ

た。結果的にこの国会，とりわけ衆参の文教委員会では大学入試センター，センターが実施する共通テスト，そして広く大学入試全体や学歴社会についての論議が活発に展開されることになった。国会という衆人環視のもとで，さらに言えば間接的とは言え民主的な手続きの下に大学入試制度の改革が論議されたということは，今日における大学入試改革を論ずるに際し，注目してよい事実であろう。

2．受験戦争という共通認識

　すでに新聞の論調からも明らかなように，大学入試をめぐる激しい競争は，受験戦争，受験地獄と表現されるような極限に達しているという社会認識が存在していた。国会でもこの認識は政府与党に限らず，全ての会派で共有されていた。自民党議員からの「今日の学制制度の中でもって一番深刻な問題は受験地獄である」が，この「実態についてどのように認識をなさっておられるのか」という問いに海部俊樹文部大臣が「御指摘のようなゆがめられておるといろいろなところから出ておる批判を少しでも解消していきたい」と応じた[13]のはもちろんであるが，野党公明党議員から大学入試の現状を問われた際も「戦争というような言葉が受験制度につくこと自体が私は非常に残念」だと述べ[14]，その打開は国会全体で共有される課題となっていた。

　大学入試センター設置に伴うこの国立学校設置法改正案は，参議院文教委員会では全会一致で可決されている。一方の衆議院文教委員会では，社会党議員が「入試制度というものの……社会に与える影響を考慮するならば，早急に結論を得られないものであるという本質を持っておるように感じる」，と論議が十分に煮詰まっていないという疑問を示しつつも賛成に回る。討論の段階でもなお，「入試センターについては，多大の疑問と厳しい批判をいまなお持っていることを強調したい」と発言していた共産党議員も，「やむを得ず，賛成をする」としてこちらも最終的には全会一致で可決された[15]。それだけ加熱した大学受験競争に対する危機感が共有されていたということであろう。それは両院の文教委員会がともに改正案に附帯決議を付すことをこれもまた全会一致で可決していることからもうかがわれる。

　その附帯決議は，引き続き大学入試の改善に努力することを求めるものであったが，参議院の場合，1次試験の「予備選抜への利用は極力避け，有効

かつ適切な利用に努めること」「第二次試験については，受験生の過重な負担とならないよう調査書の活用を図るとともに，学力検査の科目の減少に努めること」といった具体的な要望が記されている[16]。

3．2次試験の内実をめぐって

　先に四六答申前後は，大学入試は高校からの調査書とそれを補うための共通テストを主体として実施されるべきと認識されていたことについて触れたが，共通テストの検討が本格化した昭和49年（1974年）の国会でも以下のように，その考え方，つまり学力試験の大部分は共通テストに任せ，大学個別の2次試験はなるべく実施しないという前提で議論が展開されていたことが確認される[17]。

　　内藤誉三郎：文部大臣が統一学力テストとおっしゃった。私はぜひそれをやっていただきたい。ただ，その場合……二次の学力試験はやめてほしい……。かつて進学適性検査をやりましたときに……大学でめいめいが学科試験をやったので，二重の手間だから進学適性検査をやる必要ないというのでやめた経緯がございます……標準学力テストでおやりになるなら，私はそれ一本でやってほしい……あとですね，内申書なり，作文または小論文，それから音楽，体育等は実技が必要ですから，実技等を課せられることもけっこうだと思う。
　　奥野誠亮文部大臣：御指摘になりました点，まことにごもっともなことだと思います。詳しい学科試験をもう一ぺんやるんじゃ統一学力テストをやる意味がないと思います。

　奥野は，「各大学の個別の選考は認めない」のは「適当でない。しかし，認めるけれども，ごく簡単な……口頭試問でありますとか，あるいは大学の専門に適しているか……とかいう意味の簡単なものにとどめるようにしなければならない」とも述べ，2次試験の実施を否定するものではないが，補助的位置づけであるという姿勢を示している。翌年の国会でも永井道雄文部大臣が「共通テストだけにするとまた共通テストからくる画一性というものが出て」くるとして大学個別の2次試験は必要としながらもその評価方法とし

ては「それぞれの学校で小論文もやるし，できれば将来は面接テストという
ふうなものもやれることが望ましい」と述べ学力試験以外での選抜を念頭に
置いていた[18]。

　しかし2次試験については先に見たように，昭和51年（1976年）4月に国
大協が「出題に当たっては共通テストに課せられていない必要な科目に限る。
またたとえ共通テストと同一科目の出題を行う場合も，単なる知識のテスト
ではなく，論文形式の出題に限るよう配慮する」というガイドラインを示し
ていた。この表現は，学力試験を原則例外とするのではなく，限定的であれ
ば実施してもよいという解釈ができる。

　そのため大学入試センターを創設する段階に入ると，国会では「第一次試
験を，もう一遍同じようなものを重ねるのは全く無意味で」あるものの，
「自然科学系統の大学の場合に，学科試験を全部やめろとまで言い切れるか
どうか」と議員から容認論が示され始めている[19]。政府側も「各大学が二次
試験によって判定するという……国大協が言っている専攻分野に対する適性
とはいかなるものを指すのか」という質問に「共通一次の場合であれば数学
Ⅰの勉強をしてもらう，しかしわが工学部を受験するのならば数Ⅱなり数Ⅲ
なりをやってほしいと……大学側が求めるというふうな形で評価をされてい
くものだ」と答弁している[20]。

　共通1次の実施に向け大学入試センター創設が決定される過程で，大学の
判断で2次試験でも学力検査を課すことができることも合意されていった。
一方で調査書の活用については，重要であることは確認されたものの，ここ
でもまた具体的論議に及ぶには至らなかった。

◆◇◆
第6節　選抜方法概要の公表とマスコミの失望

　昭和52年（1977年）7月上旬，文部省は共通1次の導入に対応した「昭和
54年度以降の大学入学者選抜実施要項」を示し，合わせて各大学には月末ま
でに学力検査等の科目や選抜方法の概要を示すよう通知している。この月，
五月雨式に各国立大学から2次試験の概要が公表され，徐々に新しい入試制
度の全容が明らかになっていくが，大学側の対応は，新聞を見る限り不評で

あったと言わざるを得ない。

　まず2段階選抜（いわゆる足切り）を行うと公表した大学が60校を越えた。大学側は2次試験で丁寧な選抜をするためと説明するが，共通1次の成績で2次試験を受験できなかった者にとっては，受験回数も選抜を受ける機会も一発勝負となってしまう。北海道大学が2段階選抜を実施すると公表したことを受けて地元紙は，「できるだけ多くの生徒が二次試験まで受けれるよう，足切りはしないでほしいと大学に要望してきたんですが」という道内の高校教員の声を掲載している[21]。

　また，個別学力検査の科目数を減らす大学が多かった一方，東京大学は，現行の科目数を準用するとして変更を加えなかった。これは，受験生の負担を少なくするため必要な科目に留めることが望ましい，とした「国大協のガイドラインを完全に無視した形にとなる」。しかも共通1次の活用についても消極的な姿勢を示したこともあり，「現状を少しも改革する意志のない超エリート校の本音が出たと非難されても仕方ない」と厳しく難じている[22]。また科目数が減ったといっても，「共通一次試験と同じ科目を課する傾向」があり結局「受験生は二重の負担」を負うという指摘も見られる[23]。

　さらに，このような2段階選抜の有無や科目数の増減に加え，定員を一定数留保して2次募集を実施するか否か，推薦入試を行うかどうか，という判断も大学に任せた結果，対応がまちまちになってしまい，高校や受験生が混乱するのではないかという危惧も示された。山梨日日新聞は「山梨県の二大学（山梨大学と都留文科大学：筆者註）をみただけでも各大学の選抜方法は多様であり，受験生に繁雑感を与えるだけでなく，受験勉強でも負担になりそうだ」としている[24]。

　同時に共通1次の導入によって「新しい大学のランク付けができ格差が増大する」，「浪人を回避するため」「受験生が殺到するから私立大学のレベルは上が」る，といった予測もすでにこの時点で示されていた[25]。長い議論にもかかわらず，実施前から共通1次の導入によっても現状の改善にはつながらないのではないか，という悲観的な雰囲気がすでに醸成されていたといえる。

第7節　試験の実施時期をめぐって

1．強まる繰り下げ論

　能研テストの反省から，文部省は国大協の意向に留意しながら共通1次の導入を進めてきた。しかし，受験のもう一方の当事者である高校や受験生に対する配慮は，このように必ずしも当初の期待通りとはならないまま実施に向けての準備が進められる。

　ただ実施直前になって，高校側の要望が反映された変更があったことも強調しておきたい。当初昭和53年（1978年）12月末に実施予定であった共通1次は昭和52年（1977年）の年末，つまり実施1年前になって年明け昭和54年（1979年）1月に変更されている。

　共通1次の実施時期については昭和51年（1976年）春の段階で，国大協の入試改善調査委員会が報告書においていくつかの案を示しており，現実的なものとしては，夏休みの終わり，10月中旬，冬休み中，1月下旬の土日などがあげられていた。これが秋の国大協の総会において12月下旬か1月上旬の2案まで絞り込まれる。実施の日時が12月23日，24日と定まったのは，昭和52年（1977年）7月に大学入試センターが公表した「昭和54年度大学入学者選抜に係る共通第1次試験の実施について」においてであった。

　この時点でも，例えば「一次テスト十二月末，二次テスト三月初め」という日程では「高校三年二学期の文化祭行事等にも圧迫感が加わる」[26]，「一次試験の十二月実施，二次の三月という日程は，再検討されねばなるまい」[27]と紙面では日程の再考を促す論調が散見される。

　2次試験の概要が明らかになるなかで，受験生の負担は減ることはないと考えた高校側は，共通1次の日程繰り延べを文部省に要望するようになった。北海道新聞は10月25日付けで「高校側関係者から『十二月下旬の試験は高校教育のマイナスになる』との強い反発」を示したため，文部省は「二十五日，急きょ同省の大学入試改善会議を開き，試験日繰り下げが可能かどうかを検討することになった」と報じている[28]。他紙がこれに続き，この日程の「発表直後から高校側の『二学期の授業や学校行事を圧迫する』『受験生が負う入試の重圧を長期化する』などの不満が続出」していたこと，そしてすでに

第1部　共通テストの変革理念の軌跡

「入試センター内に新たに高校側との協議機関を設けるなど，繰り下げ検討の動きが出始めていた」ことを伝えている。ただこの時点では「長期の検討の末決定した日程の変更には大学側の反発が予想され」るとして「五十四年の実施日繰り下げは無理という結論もあり得る」という文部省の見解も併記している[29]。

2．国会の対応と繰り下げの決定

　この繰り下げ論にとって追い風となったのが衆参両議院の文教委員会の動きであった。まず参議院文教委員会では，11月1日に委員から「新聞の伝えるところ」「繰り下げするということも事務的に検討されておるというふうなことを承って」るが，と尋ねられた文部省大学局長が，「高等学校側から非常に強い繰り下げの要請」があり「できるだけ御要望を入れて，全体の合意の中で事を取り進めていきたい」，「入試改善会議での御了解も得られましたので，国立大学協会の方でまず入試期日の全体的な繰り下げが可能かどうかの検討を進めていただく」と答え，実施時期について再検討していることを認めている[30]。

　衆議院文教委員会でも同じ日に，委員会の下部組織である入試問題に関する小委員会に，全国高等学校長協会会長などを参考人として招いている[31]。参考人からは共通1次の「実施時期は，正常な高校教育を確保する見地から」繰り下げてもらいたい，「高校教育本来の立場から言えば遅いほどいい」といった意見が示される。

　この小委員会には，この際共通1次の導入自体を1年延期すべきと考えていた議員もおり，そういった者からは参考人に対し「一月に第一次の期日を少し延ばすかくらいがせいぜい」ではないか，という質問もなされている。それに対し参考人は「先生のお話だと一月十三日から十四日くらいに延びるのがせいぜいだろうというお見通しでございますが，私はその程度に延びるということだけでも買います」と高校側としての落とし所を示すのであった。

　小委員会は，共通1次の実施期日の見直しのほか，2次試験の科目数の削減や私立大学の参加促進など5項目を委員長報告としてとりまとめる。しかし委員からは「報告ではなくて意志決定という形をとることが望ましい」という声が上がり，最終的には「大学入学改善に関する件」として上の諸項目

について「強く要請する」旨「議決」するという案が了承され[32]，翌日文教委員会がこれを決議した。

　同時期に開催された国大協総会は，共通テストの実施日を昭和54年（1979年）1月以降に繰り下げる方向で再検討することで合意した。新聞は総会が「試験日繰り下げだけに集中してしまったのは高校側には不幸なことだ」としながらも，「国大協としては試験日繰り下げだけでも譲歩しない限り，共通一次試験そのものが根底からぐらつきかねないという危機感を持っていたことは確かである」として，国大協の判断は「世論の力を強く意識した」結果であると述べている[33]。

　その後，昭和53年（1978年）1月11日の国大協理事会で繰り下げ案が決まる。文部省は1月末に「昭和54年度以降における大学入学者選抜実施要項の一部改正について」を通知し，共通1次の試験期日は年末から「前年度の1月10日から1月19日までの期間内で大学入試センターが定める日」（初回は昭和54年［1979年］1月13日，14日）へと変更された。マスコミも「われわれは，この一次テストの実施日繰り下げを支持する」とこの点については好意的であった[34]。試験期日の変更は，高校側の要望が実現した数少ないケースである。しかし残り1年を切った時点で変更が実現したこと，国会等がその世論形成に大きな役割を果たしていたことは長く記憶されてよい歴史的事実といえる。

◆◇◆

第8節　共通第1次がもたらしたもの

1．直前・直後に示された予想

　最後に，共通1次が与えた影響について言及しておく。まず試験直前の昭和53年（1978年）になると，新聞紙上には共通1次実施についての直接的な批判は見られなくなり，変わってマークシート方式の解説や，解答上の注意点など実用的な記事が目につく。

　同時に，共通1次の導入が大学入試に与える影響を占う記事や取材も散見されるようになる。予備校関係者は取材に対し「東大，京大など"全国区型大学"を頂点としたピラミッド型の大学分布図ができあがる可能性が濃厚」，

「大学の序列化が強まるのは必至」と述べている[35]。

　さらに，共通1次を出願するに際しては，受験生は事前に志望大学を第二希望まで記入することになっており（共通1次受験後に変更可能），12月に集計が公表される。その結果について新聞社自体は1面トップで，受験倍率は「国立の旧一期校では……横ばいかやや上昇」，「旧二期校……が低下，地元の受験生が集中する地方大学も全体的にやや低下」と「旧二期校の志願が減る」という報じ方をしている[36]。その上で旧帝大のように第一志望として人気が高い大学と，第二志望として倍率が高い旧二期校を両極として，「受験生自身が大学の序列を非常に気にしている傾向がうかがえ，お見事というほかない。これで人気ランキングができてしまった」という受験業界の声を紹介し[37]，一期校二期校の格差がそのまま固定化されることを危惧していた。

　ただ，共通1次終了後の最終志願の段階になると，大学間の倍率の開きは縮まり，またどの大学も総じて前年度の受験倍率を大幅に下回る結果となった。新聞各紙はこれを「少数激戦」と表現し，「入れる大学を目指しての“自己制御”」の結果「あこがれから現実志向」に傾斜していったのであろうと推察している[38]。その点では，共通1次の実施と一期二期校の廃止をセットにすることで，大学選択が慎重になり，「受験戦争の熱さましの効果があり，大学間の格差もなくなる」という国立大学側の主張のうち前者については機能したといえるであろう。

　しかしそれは「事前選抜」という側面も持ち合わせている。そして後者については，共通1次の結果が「合格の目安」となり「各大学受験生の共通一次の結果の差が大学ランク付けになっていく」という懸念[39]はスタート時から示されることになった。つまり共通1次という一つのスケールのみでは，大学の序列化は避けられない。そのためにも大学側の2次試験における創意と工夫が求められるのであった。

2．2次試験への影響

　では，共通1次の導入によって大学の個別学力検査はどのような影響を受けたのであろうか。導入前，理系教科の教員養成を行う教育学部や一部の理系学部は社会科を課していなかったものの，それ以外の旧帝大を含む多くの大学では文系理系を問わず，社会科を含む5教科受験を求めていた。

共通1次の導入による大きな変化の一つが，この社会科を課す大学・学部の激減である。初年度，全ての学部で課したのは一橋大学と東京外国語大学の2大学のみで，あとは教育学部の社会科教員養成課程や東京，筑波，新潟，金沢大学などで一部の各部学科が社会科を課すにとどまっている。これに対し多くの理系学部では，数学ⅡB・Ⅲ，物理Ⅱなど共通1次と同一の教科を2次試験で課している。これは「共通テストに課せられていない必要な科目」は2次試験で課すことができる，という原則の適用によるものである。理系教科は累積的構造となっているため，共通1次で化学Ⅰを受験させ，個別学力検査ではその上位教科である化学Ⅱを課すことが可能である。しかし社会科は日本史Bや政治・経済といったように，一つの科目で完結しており，重複を避けるため出題が見送られたのであろう。

しかし共通1次以前，分量のある記述式で社会科を受験させ，いわば「思考力，判断力，表現力」を問う大学も少なくなかった。共通テストとセットになる2次試験で評価したかったのはそのような力だったはずである。2次試験で社会科を課さなくなったことで，この教科の学力は主に客観テストのみで判断されることになってしまった。

もう一つ期待されていた，小論文や面接といった学力検査以外での選抜方法はどうだったであろうか。共通1次に合わせて小論文を実施したのは46大学65学部，面接を実施したのは23大学27学部であった。小論文については，教員養成学部と医学部がやや目立つものの，人文系，理工系，農水産系等の学部でも幅広く出題されていた。一方面接については医学部に集中していることが特徴的である。

これについては当初の期待ほどではなかったため，文部大臣が「もっと面接や論文を取り入れるよう，大学側に強く指導すべきだ」と事務当局に指導したと報じられている[40]。2回目となる昭和55年度（1980年度）入試では「"脱偏差値"路線として好評だった小論文や面接を新たに導入した大学が増え」ており[41]，同年度の大学入学者選抜実施要項も小論文や面接を活用することが「望ましい」とより積極的な実施を促している。共通1次導入当初はさまざまな選抜方法が模索されていたと言ってよいであろう。

しかし短期間でこの動きは後退してゆく。例えば昭和58年（1983年）になると，小論文については「作題と評価が難しく」，一方で受験生の対策が進

んだことから「どれも似たような答案になって差がつきにくい」として廃止する大学が現れはじめたことが伝えられている[42]。

　象徴的だったのが，宮城教育大学の「七系入試」の中止である。宮城教育大学の２次試験は，人文，社会，数学，自然，音楽，美術，体育の七つの系から一つを選択し，自然系では講義の聴講とその要約をさせるといったユニークな入試として当時注目を集めていた。１次で基礎学力，２次で学力検査では評価できない能力を１対１として選抜するという，改革の趣旨に沿うきわめて理想的な設計であった。しかし，徐々に「二次でばん回する可能性が高い」と，共通１次が振るわなかった受験生が殺到し，ランクの低い大学と受け止められ，さらにその評価に基づいて受験生が応募するようになったという。そのため学内からは「入学者の中に，かなり基礎学力が低い者がいる」，「共通一次だけで受験生の基礎学力を吟味することは難しい」という声があがり，昭和59年度（1984年度）入試からは通常の学力検査を課すことになった[43]。新しい試みは５年しか続かなかったのである。

　共通１次にこのような印象を持ちはじめたのは，宮城教育大学だけではなかった。結局，小論文や面接といった２次試験の工夫は文部省の期待通りには進まずに，長続きしなかったと言える。これについて，かつて共通１次の導入を決めた永井道雄元文部大臣は以下のように述べている。

　　二次試験の方で，今申し上げたような実技，論文あるいは面接等の方法によって記述力，表現力，創造力というふうなものを調べる試験が十分な形で進行していないことは皆様御承知のとおりであります。一部の大学におきましてそういうことを行った例が，例えば宮城教育大学においてあります。また筑波大学が相当努力したという例もございます。しかしながら，全般的には共通一次試験に依存いたしまして，そして二次の方がそれほど力を入れられていない[44]。

　２次試験の多様化は定着しない中，共通１次が学習の画一化を招き，その得点によって大学の序列付けとその固定化が進む。共通１次は開始から早い段階でその改善が求められ，受験機会の複数化が検討されることになるのである。

第9節　おわりに

　以上，共通1次が導入されるまでの経緯と導入後の動向，導入前の期待は実現したのか，危惧は現実のものとなったのかについて検討してきた。確認しておきたいのは，大学受験が苛烈を極めており，早急な改善が必要であるという認識が広く共有されていたことである。そのためには一発勝負の学力試験だけではだめだ，という点も一致していた。そして共通の良問で学力を測定し，高校の調査書に示された受験生の学力を補正する，大学独自の入試は適性を見るため最低限で行う，という合意から論議が開始されたはずであった。

　しかし国大協が主体となって論議が進んだこともあり，調査書の論議は進まず，最終的にはほぼ閑却された。また小論文や面接といった個別大学の2次試験における工夫はあまり広がらず，実施していた大学も学力検査に戻していった。共通1次では十分な学力を測定できないとして，科目数は減らすものの大学は従前と同様の個別学力検査を行うようになる。共通1次の成績はどの大学の2次試験であれば見込みがありそうか，という指標として用いられることで，旧一期校二期校を包摂した国立大学の序列化が進行することになった。2次試験の多様化という期待は共通1次導入の早い段階で失われていき，大学間格差の顕在化という危惧は見事に現実のものとなってしまったのである。

　その一方，共通1次の実施という大きな入試改革に際し，法律の改正を伴ったことで，国会でこれが議論されたこと自体の意義は小さくなかった。とりわけ衆議院文教委員会の入試問題に関する小委員会が「入学試験の改善に関し，国民的立場から調査する必要がある」[45]ことを強く意識して議論を進めている姿は印象的である。その結果，共通1次の導入は公の場において，間接的であれ民意を反映する形で議論された。この点については，入試に限らず教育改革について論議する際の本来の姿であろうと思われるので，重ねて強調しておきたい。

　これに絡めて最後に指摘したいのは，共通1次実施の直前に日程を繰り下げるという重大な変更を行うことができた，ということである。この入試改

革の構想から実現までの過程で，高校側の要求や期待は次々と置き去りにされていった。そのため日程の繰り下げは高校の要望が通った数少ない成果といえるかもしれない。しかし当初日程変更に難色を示していた国大協が最終的にはこれを容認した。この際にも衆議院文教委員会での「大学入学改善に関する件」は大きな後押しとなったはずである。たとえ確定した事項でも，受験生に負担をかけない，不安を抱かせないための変更や修正は遅すぎることはないということであろう。

注

1 ）新聞については，地元国立大学に関する記事が多いと予想し，全国紙に加え，地方紙の記事を多く用いているが，記事を検索する関係上，索引の付いた縮刷版を刊行している地方紙を取り上げた。

2 ）北國新聞（1970），全国共通テスト実施　12月17日朝刊，1．

3 ）北國新聞（1971），社説：大学入試改革の線は妥当　12月11日朝刊，5．

4 ）北國新聞（1972），社説：理念なき "技術" の改革　10月 8 日朝刊，5．

5 ）北國新聞（1972），社説：理念なき "技術" の改革　10月 8 日朝刊，5．

6 ）第68回国会衆議院文教委員会（1972），第 6 号　4 月 5 日．

7 ）北國新聞（1973），二期制度の再検討へ　5 月16日朝刊，2．

8 ）北國新聞（1974），社説：まず共通テストの実施を　6 月23日朝刊，2．

9 ）北國新聞（1975），"受験戦争の熱さまし" 大学側が説得　3 月27日朝刊，1．

10）山梨日日新聞（1976），社説：共通テスト運用に配慮を　11月19日朝刊，5．

11）北國新聞（1976），社説：二次試験の煮詰め不足　4 月20日朝刊，2．

12）北海道新聞（1976），国立大受験こう変わる　11月19日朝刊，3．

13）第80回国会衆議院文教委員会（1977），第 2 号　2 月25日．

14）第80回国会衆議院決算委員会（1977），第 4 号　3 月 1 日．

15）第80回国会衆議院文教委員会（1977），第 7 号　3 月23日．

16）第80回国会参議院文教委員会（1977），第12号　4 月21日．

17）第72回国会参議院予算委員会（1974），第14号　3 月22日．

18）第75回国会参議院予算委員会（1975），第10号　3 月17日．

19）第80回国会衆議院文教委員会（1977），第 3 号　3 月 2 日．

20）第80回国会衆議院文教委員会（1977），第 5 号　3 月14日．

21）北海道新聞（1977），北大二次試験頭痛い進路指導　7 月19日朝刊，3．

22）北海道新聞（1977），東大，二次重視の方針　7 月20日朝刊，18．

23）北國新聞（1977），国・公立大 2 次試験 2 教科2-3科目が主流　7 月31日朝刊，1．

24）山梨日日新聞（1977），社説：負担増を心配する新入試　7 月31日朝刊，2．

25）山梨日日新聞（1977），早くも新受験戦争　7 月31日朝刊，12．

26）山梨日日新聞（1977），社説：負担増を心配する新入試　7 月31日朝刊，2．

27）北海道新聞（1977），社説：入試改善の熱意に欠ける国大　8 月 2 日朝刊，5．

28）北海道新聞（1977）．繰り下げを検討　10月25日朝刊，3.

29）北國新聞（1977）．共通一次試験繰り下げ検討　10月26日朝刊，1．山梨日日新聞も同日，同じ記事を掲載している．

30）第82回国会参議院文教委員会（1977）．第3号　11月1日．

31）第82回国会衆議院文教委員会入試問題に関する小委員会（1977）．第1号　11月1日．

32）第82回国会衆議院文教委員会入試問題に関する小委員会（1977）．第2号　11月15日．

33）北海道新聞（1977）．"本質"は肩すかし　11月18日朝刊，3.

34）北國新聞（1978）．社説：大学入試改革の初年度　1月14日朝刊，2.

35）山梨日日新聞（1978）．スタートする共通一次（上）　9月21日朝刊，12.

36）北國新聞（1978）．旧帝大・都市大学に志望集まる　12月12日朝刊，1.

37）北國新聞（1978）．金大"法文"は9.2倍（今年の倍）　12月12日朝刊，14.

38）山梨日日新聞（1979）．あこがれから現実志向　2月16日朝刊，2

39）北國新聞（1979）．社説：共通一次元年の入試地図　2月17日朝刊，2.

40）朝日新聞（1979）．もっと面接・論文を　8月18日朝刊，3.

41）読売新聞（1979）．「面接」「小論文」ふえる　8月1日朝刊，1.

42）朝日新聞（1983）．荒れる中学生どう教える　3月5日朝刊，22.

43）朝日新聞（1983）．上滑り入試改革の星　2月15日朝刊，16.

44）第101回国会参議院予算委員会（1984）．第2号　2月23日．

45）第80回国会衆議院文教委員会入試問題に関する小委員会（1977）．第4号　4月6日．

文　献

佐々木 享（1984）．大学入試制度　大月書店

大谷 奨・島田 康行・本多 正尚・松井 亨・白川 友紀（2017）．共通第一次学力検査実施に伴う個別学力検査の多様化についての再検討　大学入試研究ジャーナル，*27*，37-42。

第2章

共通1次からセンター試験への改革は受験生と大学に何をもたらしたのか[1]

東北大学高度教養教育・学生支援機構　教授　倉元　直樹

序

　いわゆる高大接続答申（中央教育審議会，2014）から始まる高大接続改革は令和3年度（2021年度）入試からの新しい制度への転換を目標に準備が進められてきた。ところが，新制度入試に関わる英語民間試験受験の申込受付がまさに開始されるはずだった令和元年（2019年）11月1日に英語民間試験活用のための「大学入試英語成績提供システム」の導入の見送りが公表された。続いて，12月17日に大学入学共通テストへの記述式問題導入の見直しも公表され，大きな転機を迎えることとなった。今後の見通しは立っていない。

　一連の入試改革とその対応，さらには受験生が受けた被害について，リアルタイムで十分な検証を行うことは難しく，少なくとも数年の期間が必要となるだろう。その一方で，大きな改革の結果として何が起こったのか，それを端的に表す事例が過去には豊富にあるはずなのだ。思いつかないとすれば単に忘れ去られているだけである。

　本章は，東北大学の入試課の書棚に無造作に置かれていた記録から掘り起こしたデータを基に，共通第1次学力試験（以下，「共通1次」と略記）から大学入試センター試験（以下，「センター試験」と略記）に切り替わる際に東北大学に起こった出来事を描いたものである。過去を振り返って，大学入試制度改革の副作用を検証することを目的とする。そこから直接，現在につながる問題を垣間見ることができると考えた。第1節から第7節までは，

1　本章は，東北大学高度教養教育・学生支援機構編『高大接続改革にどう向き合うか』に「大学入試改革モデルとしての『東北大学型 AO 入試』の誕生───『昭和62年度改革』の教訓から───」というタイトルで執筆された論文を再録し，「序」と「追記」を加えたものである（倉元，2016）。著者の執筆当時の所属・肩書は現在と同じ。

若干のミスに修正を加え，また，表記方法を統一したが，原則として原典の主旨を変えずにそのまま再録した。なお，原典の刊行から4年が経過しているので，末尾に追記を加え，その間の変化について補うこととした。

　過去の出来事は，現在，そして，未来に向けての教科書である。検証なしに前に進むことはできない。

◆◇◆

第1節　大学入試制度改革の宿命

　大学入学者選抜制度に対する改革は，その時代に応じた理念に基づいて企図される。現在進行中の高大接続改革はどうなのだろうか。平成26年（2014年）12月に出された中央教育審議会の答申は，その冒頭にはその理念がこう謳われている（中央教育審議会，2014）。

　　本答申は，教育改革における最大の課題でありながら実現が困難であった「高大接続」改革を，初めて現実のものにするための方策として，高等学校教育，大学教育及びそれらを接続する大学入学者選抜の抜本的な改革を提言するものである。

　　将来に向かって夢を描き，その実現に向けて努力している少年少女一人ひとりが，自信に溢れた，実り多い，幸福な人生を送れるようにすること。

　　これからの時代に社会に出て，国の内外で仕事をし，人生を築いていく，今の子供たちやこれから生まれてくる子供たちが，十分な知識と技能を身に付け，十分な思考力・判断力・表現力を磨き，主体性を持って多様な人々と協働することを通して，喜びと糧を得ていくことができるようにすること。

　　彼らが，国家と社会の形成者として十分な素養と行動規範を持てるようにすること。

　　我が国は今後，未来を見据えたこうした目標が達成されるよう，教育改革に最大限の力を尽くさなければならない。

高らかに宣言されたこの崇高な理念を正面から真っ向否定する者は，おそらく誰もいないだろう。本来は無味乾燥なはずの行政文書であるにもかかわらず，その響きの美しさに一種の感動すら覚える向きもあるかもしれない。しかし，筆者の読後感は必ずしも爽やかとは言い切れない。むしろ，後味にえぐみが残るような，何とも言い難いバツの悪い感触が拭いきれない。

　一歩立ち止まって少し考えてみると，いくつかの素朴な疑問がふつふつと浮かび出てくる。例えば，「『高大接続』改革」はなぜ「教育改革における最大の課題でありながら実現が困難」であったのだろうか。われわれの先達は解決すべき課題をひたすら先送りするほど無責任であったのだろうか？　あるいは，私たちが暮らすこの繁栄した現代日本社会を作り上げたわれわれの先人たちが，こと大学入試という問題だけに限ってなぜかしら知恵が回らなかったのだろうか？

　東北大学のAO入試は，ありがたいことに，時折，多様な入試を体現した入試改革のモデルとされる。それは国立大学としては有数の規模でAO入試を行い，それが成功を収めていると認識されていることによる。規模を表す数値としては平成27年度（2015年度）入試で合計438名，全募集人員の18.3％という値に達している。現在進行している高大接続改革に応える意味で，比較的短期間でAO入試の比率を募集人員の3割まで引き上げることが目標となった。本郷（2016）も触れているとおり，推薦入試を含めるとこの目標は国立大学共通の全体の目標ともなっている。この目標がかなりのところ高いハードルであるのは，大学入試の現場を知る者にとっては共通の認識であろう。

　それは主に三つの理由によると筆者は考える。

　一つ目は比較的分かりやすい。実施にかかる手間やコストの問題である。筆者自身はこの3割という数値は東北大学型AO入試の規模としては上限と捉えている。この問題に関しては石井（2016）が詳しく論じている。

　二つ目は東北大学型AO入試の基本構造による。東北大学におけるAO入試の位置づけは学力試験に対抗するものではない。むしろ，現在のような一般入試の存在を前提として，それと連動しながら補完する役割にある。AO入試受験者が一般入試まで見越して一般入試を想定した受験勉強を行っている前提で成り立つ構造となっている。筆者個人の意見としては，AO入試，

一般入試のバランスとしては現在でも募集人員が多すぎると考えているし，すでに AO 入試の黎明期からそのような意見を述べていた（国立大学入学者選抜研究連絡協議会，2002）。もちろん，現在の状況では AO 入試をはじめとする多様な入試の拡大は時代の要請でもあり，それに応じた考え方と体制を整える必要があると認識しているが，それは良質な学力検査問題を主たる選抜資料とする一般入試の存在を前提とした東北大学型 AO 入試モデルであるから可能なのであって，少人数の募集に多大な労力を注ぐ，いわゆる典型的な AO 入試の設計では非現実的な目標なのではないかと感じている。東北大学型 AO 入試の考え方は，現在の高大接続改革を推進している側には理解されていない。例えば，第 2 次安倍政権の首相官邸の下に設けられた教育再生実行会議の第四次提言（教育再生実行会議，2013）を受けて東北大学の AO 入試が取り上げられた際には，「人物重視」の入試の代表であるような報道もなされた（朝日新聞，2013）。典型的な誤解である。現在の高大接続改革の議論の中で，コンセプトが誤解されたままで入試改革のモデルとして祭り上げられてしまったことには危惧を抱いている。

　三つ目は改革のスピードである。教育制度の改革による教育内容の改革が難しいのは，制度の変化自体に伴う意図されざる影響が，少なからず悪い方向に働いてしまうことによる。「大学入試に何らかの改革が企図される場合，その意図や目的，理念がどのように立派なものであったとしても，少なくとも一時的には高校教育に大きな混乱がもたらされてしまう」のである。その結果，「全ての入試改革は結果的に『改悪』として受け取られてしまう」（以上，倉元，2012）。制度改革がすべからく改悪に帰結するという構図は，わが国の大学入試制度の宿命とでも言うべき構造的問題ではないかと思うのだ。したがって，どのように優れた理念であっても，それを制度として体現するには長い年月をかけた地道な努力が必要となるのだと筆者は考える。

　改革本来の目的に沿わない影響は小さいに越したことはない。それはあらかじめ見越しておくべきなのだが，実際に見通すのはきわめて難しい。そして，その事実は過去に自分たちが経験した出来事の中から事例として学ぶことができるのではないだろうか。そういった，発想が本稿の出発点である。

　本稿は，昭和62年度（1987年度）に共通 1 次に施された制度改革の影響について検討することを目的とする。現在から回顧的に振り返ったとき，昭和

62年度（1987年度）の制度変更は抜本的大改革には見えないかもしれない。少なくとも，その当時，検討されていた大学入学者選抜の抜本的な改革の理念に比べると，実際に実施された制度改革の中身は本当に小さなものとしか感じられない。しかし，大学側の視点に限った場合でも，その変化が及ぼした影響には，大学教育の基盤を根本的に揺るがす可能性すら秘めた予期せぬ大きなインパクトが内在していた。

◆◇◆

第２節　共通第１次学力試験の導入とその問題点

　共通１次は昭和54年度（1979年度）入試から昭和64年度（平成元年度，1989年度）入試までの11年度にわたって行われた国公立大学の入試における共通テストであり，現在の高大接続改革の構想では平成32年度（令和２年度：2020年度）入試をもって廃止と予定されているセンター試験の源流と位置づけられる制度である。

　昭和62年度（1987年度）に試みられた共通１次を対象とした大学入試制度改革（以下，「昭和62年度改革」と略記）にも，言うまでもなく制度改革が必要とされた当時の事情がある。それを理解するため，最初に共通１次導入の目的と共通１次に対する当時の評価について振り返ることとする。

１．共通１次導入の目的

　新制大学において昭和22年度（1947年度）に導入された進学適性検査[1]が昭和29年度（1954年度）を最後に廃止となって以来，途中，あまり普及しなかった能研テスト（昭和38年度［1963年度］～昭和43年度［1968年度］）の存在があったとはいえ，大学入試は各大学が個別に実施する学力試験による選抜が中心となった。この時代，社会的に大学入試で最大の問題とされたのは「難問・奇問」の出題である。個別大学の入学試験で出題される試験問題は，日常的な学習活動の結果として解ける問題ではなく，特殊な受験勉強が強いられるとされた。その結果，大学受験によって高校以下の教育が歪められることや，浪人の増加[2]といった影響が問題視されていた。大学入学者選抜は過度に学力検査に依存しているとされ，学力検査以外の選抜資料，例え

ば，調査書の活用などが課題となっていた。

　さらに，国立大学では一期校・二期校制[3]を取っていた。二期校の受験生には一期校で不合格となった者が多く，「二期校コンプレックス」が存在すると言われ，物議を醸していた。黒羽（2001）は共通1次導入に関する議論を行っていた「大学入学者選抜方法の改善に関する会議」に関する取材メモから，以下のようなエピソードを紹介している。「……（前略），一，二期校の一元化問題が再燃した。そのきっかけは47年2月に起こった連合赤軍のあさま山荘ろう城事件である。なぜこのような異常な過激派の事件が起きたか，また対策はどんなものかを審議した国会に参考人として出席したある国立大学長は，過激派を多数輩出した理由を問いただされて『二期校コンプレックス』について述べて，議員の共感を得た。（後略）……」。当時，一期校・二期校の制度が大学間格差の認識を生じさせる元凶として深刻な社会問題となっていたことを端的に示す逸話と言える。

　以上のような諸問題を解消すべく導入された共通1次は，当初は調査書重視の入学者選抜制度を実現する「調査書の高校間格差を補正することを目的とした共通テスト」として構想されたが，結局，「高校での学習成果を問う全国一斉試験で調査書成績を代用する（木村，2012）」との位置づけに落ち着いた。

　共通1次導入の主たる目的と導入時点での大学入学者選抜制度改革の主旨は，以下のようにまとめられる[4]。

　1）高校における学習達成の程度の評価
　　　なるべく広い範囲を評価するため，一律に「5教科7科目」の試験を課すこととなった。
　2）二期校コンプレックスの解消
　　　共通1次の導入と同時に，国立大学間の格差意識を解消するために国立大学における2次試験の期日を統一することとなった。
　3）多元的な選抜資料の活用
　　　共通1次と各大学の2次試験の組合せで合否判定を行う。2次試験では大学・学部の特色に応じた多元的な選抜資料の活用が期待された。

以上のような当時の入試改革の目的を実現するための条件として，共通1次は以下のような特質を備えることとなった。

　4）マークシート方式

　　30万名を超える受験生の答案を正確に短期間で処理しなければならなかった。

　5）「国立大学」の共通テスト

　　少なくとも形の上では文部省（当時）が主導して導入された制度ではない。当時は行政主導で進められる施策には根強い反発が予想されたこともあり，国立大学協会が主体となって形作られた。したがって，必然的に「国立大学協会が私立大学の入試について言及することはできない（国立大学協会入試改善特別委員会，1986）」状況であった。なお，公立大学はテストを利用する形で共通1次に参加することとなった。

　6）自己採点方式

　　一期校・二期校制の下では年2回設けられていた一人の受験生の国立大学への受験機会は1回に減ることとなった。その補償的措置として，入試センターが公表する正解や平均点等の統計資料を利用して，最終的な志願先を決定することを可能とする「自己採点方式」を採ることとなった。

2．共通1次に対する批判

　以上のような目的で導入された共通1次だったが，結果的にははなはだ不評であったとされる。

　共通1次に対する主な批判のポイントは以下のようにまとめることができる[5]。

　1）大学の序列化と輪切り

　　共通1次という共通の尺度が誕生したことによって，逆に大学ごとの入試の難易度が細かくランキングされるようになった。特に問題視されたのが自己採点方式である。共通1次の自己採点の結果，志願す

る大学を決定するため，「学びたい大学」よりも「入れる大学」を選ぶ傾向となって輪切りが進んだと批判された。

また，出願校決定に際し，受験産業が大きく関与するようになったことも非難の的となっていた。

2）過重負担論

各大学の2次試験では学力中心の選抜が主流となり，多様な選抜方法の導入には至らなかったとされた。二つの学力検査の存在は無駄であり，共通1次で課せられている5教科7科目という科目数も受験生にとっての負担が大きすぎるではないか，といった批判にさらされたのである。少数の科目で受験することができた私立大学との併願が困難であるとも言われた。

3）受験機会の一元化による受験機会の減少

入試日程の一元化によって，国立大学への貴重な受験機会を奪われた，との批判も強かった。

4）画一化

マークシート方式のため「記述力，創造力，考察力」の評価ができないとされた。学生の積極性が失われ，学力低下が目立つ，とも言われた。

第3節　昭和62年度改革とは

1. 臨時教育審議会第1次答申

共通1次に対する世論の強い逆風の中，当時の「いわゆる教育荒廃に文部省限りで対応すべきでなく，政府全体としてこれに取り組むべきである」との考え方から，最終的に中曽根康弘首相の下に昭和59年（1984年）年9月に総理大臣の諮問機関として臨時教育審議会が設置された（文部省，1992，pp.258-260）。中曽根首相は共通1次廃止論者だったという（黒羽，2001）。臨時教育審議会の中では，大学入試制度に関しては第4部会で審議された。審議の結果は第1次答申に盛り込まれた（臨時教育審議会，1985）。

１）偏差値偏重の受験競争の弊害を是正するため，各大学に自由にして個性的な入学者選抜を行うよう入試改革に取り組むことを要請する。

２）現行の共通１次に代えて，国公私立を通じて各大学が自由に利用できる「共通テスト」を創設する。

以下，具体的な提言内容の骨子である。

１）共通テスト

　　良質の試験問題の再利用，マークシート方式の改善，採点区分の簡素化，資格試験的な取扱い，自己採点方式の廃止，受験生への得点通知，総点主義によらない弾力的利用の積極的推進，利用する教科・科目は各大学の選択，１科目のみの利用も可能とする。大学入試センターには大学と高等学校間の情報交換のための仲介機能，調査研究機能を付与することが提言された。

２）アドミッション・オフィスの設置，強化

３）進路指導における偏差値重視の是正

４）国立大学の受験機会の複数化

　　一期校・二期校制時代の弊害が生じないような適切な方策を取ることが前提とされた。

５）職業科卒業生，帰国子女，社会人，身体に障害のある者への配慮

６）以上の諸提案について早急に具体的検討

２．昭和62年度改革の概要

　以上のような背景を踏まえ，後に大学入試センター試験へとつながる当時の「新テスト構想」実現の前段階として，昭和62年度（1987年度）入試から，共通１次の制度的枠組みはそのまま残しながら，以下の三つの改革が実行に移された。

１）教科・科目数及び利用方法

２）受験機会の複数化

３）自己採点方式の廃止

まず，5教科7科目から5教科5科目以下へと受験科目数が減らされた。「社会」，「理科」が各1科目に減じられ，各大学が入学志願者に要求する受験教科数は4教科以下でも構わないこととなった。昭和60年（1985年）3月18日に出された国立大学入試改善特別委員会の中間報告（国立大学協会入試改善特別委員会，1985）の提言をそのまま踏襲した形だが，同報告では「一般的には5教科の受験が望ましい」と付言している。

次に，後に「連続方式」と呼ばれる，2次試験の実施日ごとに二つのグループに分ける方式が採用された。昭和62年度（1987年度）は「A日程」の試験日が3月1日から，「B日程」は原則3月5日から実施とされた。一部の大学では学部によって日程を振り分けたり，学部の定員の一部を別日程に割いたりしたケースもあった。また，旧一期校・二期校制の弊害を避けるために，旧帝大の7大学は北海道大学，東北大学，東京大学が「B日程」，名古屋大学，京都大学[6]，大阪大学，九州大学は「A日程」で2次試験を実施することとなった（大学入試センター，1986）。

さらに，双方の日程の試験での合格通知を受けた後に入学する大学・学部が選択可能な「事後選択制」と呼ばれる方式を取ることとなった。

そして，自己採点方式を廃止し，個別大学への出願期間を1月12日（月）〜19日（月）として，1月24日（土），25日（日）に実施される共通1次を受験するよりも前に大学に出願する日程を採ることとなった（大学入試センター，1986）。

◆◇◆
第4節　昭和62年度改革の全般的な影響

結果的に昭和62年度改革では，以上の3点の改革とそれに関わる具体的な変更が複合し，様々な混乱が生じた。一部は翌年の昭和63年度（1988年度）入試に反映すべく早急に対策を立てる必要性がある，緊急性の高い問題も生じたのである。

1．国立大学協会の総括
昭和62年度（1987年度）入試では，共通1次の成績によって2次試験を受

験することができない，いわゆる「足切り」に遭う受験生が数多く発生した
ことが特に大きな問題となった。共通1次は国立大学が共同で実施する入学
試験の第1次試験であり，公立大学も協力して利用する，という位置づけの
共通テストであったので，検討の主体は国立大学協会となる。国立大学協会
では，昭和62年度改革の影響について昭和62年（1987年）6月16日に国立大
学協会第80回総会で入試改善特別委員会からの報告がなされている（国立大
学協会入試改善特別委員会，1987）。

　ア・ラ・カルト方式への道を開いた受験科目数の削減については，当時は
実質的な影響がさほど大きくなかった[7]ためか，特に言及はなかった。甚大
な影響をもたらしたと認識されたのは，受験機会の複数化であり，それに
伴って新たに導入された仕組みである。特に大きく取り上げられていたのは，
事後選択制の問題であった。それに自己採点制度の廃止に伴って出願期間の
時期を共通1次受験より前に設定したことによって，結果的に第1次選抜不
合格者の激増につながった，とされた。

　昭和64年度（1989年度）からは連続方式と分離分割方式[8]の「併存制」と
なり（国立大学協会，1988），平成9年度（1997年度）から，現在も続く分
離分割方式で統一されることとなった（国立大学協会，1993）。平成18年度
（2006年度）入試からは「分割比率が少ない日程の募集人員に推薦入学・
AO入試などを含めることについてはこれを妨げない（国立大学協会，
2003）」こととなり，現在に至っている。

　翌年の昭和63年度（1988年度）入試においては，複数の受験機会の確保，
事後選択方式，自己採点方式廃止の方針は維持される一方で，出願期間を共
通1次の後に戻し，重願は認めない，といった変更が加えられた[9]。

2．大学入試センターにおける研究

　山田・石塚（1988）は，昭和62年度（1987年度）入試における共通1次受
験者の出願状況を類型化し，昭和60，61年度（1985，1986年度）入試との比
較の中で，「単願者」，「2回出願者」，「3回出願者」といった類型ごとの得
点分布や合格可能性，辞退率等について詳細な分析を行った。その結果，直
前の2年度ではいずれも標準得点（偏差値）「50点の半ばから60点の後半に
かけての範囲で，合格率の停滞[10]」が見られたのに対し，昭和62（1987）年

度入試では「ほぼ直線的に合格率が増加」したことを見出した。昭和62年度改革によって，共通1次得点が合否に直接関係する傾向が以前よりも強くなったと言ってよいだろう。入学辞退率も7％台から11.4％に高まった[11]。

　また，岩田・岩坪（1988）は，従来から行っていた国公立大学の出願に関する地理的選択範囲の研究（岩田，1986，1987，1988）を基礎に，受験機会複数化に伴う志願動向の地理的流動性に関する分析を行った。昭和57年度（1982年度）入試のデータを分析した結果，「いくつかの県がブロックとでもいえるようなまとまりを作り，その範囲内で受験生が大学を志願している（岩田，1986）」ことが観察された。昭和62年度（1987年度）入試では，「従来同様，多くの受験生は第一に自県，第二に近県の範囲を中心として」志願していたものの，学力が高い受験生は「受験生の出身県が属する地方の中心都市（7大学所在県）と併願可能な，他の地方にある中心都市（7大学所在県）への志願が総じて増加していた（岩田・岩坪，1988）」という。

◆◇◆

第5節　東北大学への志願動向に対する影響

　大学入試センターに所属する研究者によって行われた研究のうち，本稿にとって特に重要なのは岩田・岩坪（1988）である。大学入試センターにおける受験者の地理的選択の動向に関する研究は，もちろん，特定の大学をターゲットとすることを意図したものではなかったはずである。ところが，東北大学から見た場合，この分析は大学にとって重大な問題が生じていたことを示唆する結果が含まれていたのである。以下，東北大学に対する昭和62年度改革の影響について見ていくこととする。

1．志願倍率

　まず，昭和62年度改革が東北大学の志願動向に対してどのような影響を与えたのか，地理的流動性の観点から概観することとする。

　図2-1は昭和59年度（1984年度）から平成28年度（2016年度）入試までの33年間の東北大学への志願倍率を示したグラフである。元となっている数値は学部を全て込みにした志願者合計の募集人員合計に対する比の値である。

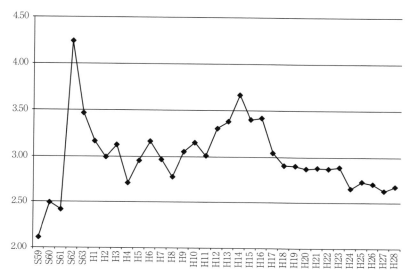

図2-1. 東北大学における一般入試（前期日程試験）の志願倍率の推移

分離分割方式を取ることとなった平成2年度（1990年度）より前は一括募集が行われており，それ以後は，一般入試前期日程試験のものである。

　昭和59年度（1984年度）には，東北大学の志願倍率は2倍を少し超える程度の水準であった。それが昭和62年度（1987年度）入試では倍率がいきなり4倍を超えた。過去30年あまりをさかのぼってみても，この年度の倍率がきわめて特異に高かったことが分かる。その後は3倍程度のラインを上下する時期があって，その後，平成14年度（2002年度）までやや上昇し，その後の数年間は下降線を辿った。平成18年度（2006年度）〜平成23年度（2011年度）の期間は3倍弱のところで安定していた。平成24年度（2012年度）入試は，前年3月に発生した東日本大震災の影響が懸念された年であった。実際に，志願者数で前年度比 -7.8% と落ち込んだものの，長期的にはさほど大きな変化ではなかった。少なくとも量的には，昭和62年度改革のインパクトの方がはるかに大きかったことが見て取れる。

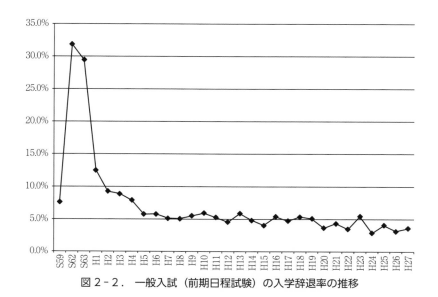

図 2 - 2 ． 一般入試（前期日程試験）の入学辞退率の推移

２．入学辞退率

　さて，本題はここからである。図 2 - 2 は昭和59年度（1984年度）から平成27年度（2015年度）入試までの東北大学への入学辞退率の動向を示したグラフである。入学辞退率は入学手続を行わなかった，ないしは，入学を辞退した合格者数の全合格者数に対する比の値である。推薦入試，AO 入試の合格者における入学辞退者は数年に一人という頻度なので，ほとんどの辞退者は一般入試の区分で合格した者である。

　受験機会が 2 回となり，事後選択制が採用された以上，辞退率が増加するのは当然であるとは言え，昭和62年度改革以前には10% 未満だった入学辞退率が一気に30% を超える水準まで跳ね上がっている。その後，高い入学辞退率は 2 年間続いたものの，平成 2 年度（1990年度）からの分離分割方式の導入を前にして，平成元年度（1989年度）には10% 強程度までに収束し，平成 5 年度（1993年度）からは昭和59年度（1984年度）の水準を割り込んだ。東日本大震災の影響で後期日程試験の合格者の入学辞退率が47.9% と極めて高かったために全体の比率も押し上げられた平成23年度（2011年度）[12]を例外として，最近は全合格者数に対して5% を割り込むところまで抑えられて

いる。ちなみに，この32年間で最低であったのは，東日本大震災の翌年に行われた平成24年度（2012年度）入試であり，この年の一般入試前期日程の入学辞退率は2.8％と3％を割り込んだ。

3. 地理的流動性の影響

　昭和62年度改革に伴う入学辞退率の急上昇には，岩田・岩坪（1988）が指摘した出願先の地理的流動性の問題が大きく影響したとみられる。

3.1　志願者の出身地域

　図2-3は昭和62年度（1987年度）入試における東北大学志願者の地域区分別の志願者数について，昭和59年度（1984年度）をベースとした増加数を示したものである。昭和59年度（1984年度）入試の志願者総数が4,714名だったのに対し，昭和62年度（1989年度）入試では10,258名と2倍以上の志願者が集まった（5,544名増，+117.6％）。出身地域別に見ると，東北，関東，中部，近畿の各地方からの志願者がそれぞれ1,000名以上増えている（図2-3参照）。一見，各地方から万遍なく志願者が増えたように見えるが，実際には著しい地域的な偏りが見られた。例えば，東北地方出身の志願者が

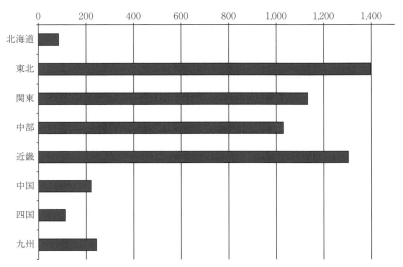

図2-3．昭和59年度入試と比較した昭和62年度入試の志願者増加数

1,867名から3,263名に増加し，増加率が74.8％であったのに対し，近畿地方出身の志願者は218名から一気に1,520名に増え（697.2％増），約7倍に膨れ上がったのである。

　都道府県別に志願者数が多かった順に10位までを並べたものが表2−1である。数値は志願者数全体を100％としたときに当該都道府県出身の志願者の人数が占める比率を表わす。表2−1には，昭和62年度改革以前の状況を表わす昭和59年度（1984年度），昭和62年度改革の影響が最も大きく表れた昭和62年度（1987年度），分離分割方式導入以後の最高の志願倍率を記録した平成14年度（2002年度），近年の状況を示す平成24年度（2012年度）の数値を抜粋して掲載した。

　昭和62年度（1987年度）以外は東北，関東，北信越といった，地理的に近くて東北大学が所在する宮城県仙台市にアクセスの容易な都道府県が上位を占めている。岩田（1986）の表現を借りれば，多数の受験生が訪れたのはせいぜい「隣のブロック」からである。ところが，昭和62年度（1987年度）には，愛知，大阪，兵庫といった遠方から多数の受験生が出願していたことが見て取れる。さらに，その後の志願動向を見ると，遠方からの受験生の流入は恒常的なものとは言えない。昭和62年度改革に伴う一過性のものだったこ

表2−1．東北大学一般入試前期日程志願者数上位10都道府県

	昭和59年度		昭和62年度		平成14年度		平成24年度	
1	宮城	20.51%	宮城	15.96%	宮城	18.40%	宮城	19.25%
2	東京	9.50%	東京	7.78%	福島	6.10%	東京	7.12%
3	福島	6.17%	大阪	6.62%	東京	6.00%	福島	6.27%
4	神奈川	5.79%	愛知	4.73%	山形	4.91%	岩手	5.64%
5	埼玉	5.30%	神奈川	4.48%	茨城	4.62%	山形	5.36%
6	千葉	4.03%	福島	4.39%	岩手	4.31%	青森	4.79%
7	静岡	3.97%	兵庫	4.29%	神奈川	4.03%	茨城	4.77%
8	岩手	3.95%	埼玉	4.07%	埼玉	3.71%	埼玉	4.75%
9	山形	3.39%	千葉	3.56%	栃木	3.61%	栃木	4.39%
10	茨城	3.35%	山形	3.45%	青森	3.48%	新潟	4.21%

注）昭和59年度，昭和62年度には前期日程・後期日程の区別はない

とがうかがえるのだ。

3.2　合格者の出身地域

　表2-2には多くの合格者を輩出した順に上位10位までの都道府県を示した。昭和62年度（1987年度）では，大阪，兵庫，愛知は宮城県に次いで合格者数の上位2〜4位を占めており，志願者数と同様に他の時期には見られない現象が起こっている。

　図2-4は合格者数について，昭和59年度（1984年度）をベースとした昭和62年度合格数の増減数を地方別に示したものである。入学辞退者を相当数見込んだため，全体としては，昭和59年度（1984年度）よりも1,330名多く合格者を出した。ところが，その増加分は半数以上が近畿地方の出身者，次いで中部地方の出身者で占められ，元々，志願者，合格者の比率が高かった東北地方，関東地方，さらに北海道出身者は実数ベースでも昭和59年度（1984年度）実績を下回る結果となった。

表2-2．東北大学一般入試前期日程合格者数上位10都道府県

	昭和59年度		昭和62年度		平成14年度		平成24年度	
1	宮城	15.93%	宮城	10.12%	宮城	14.91%	宮城	14.19%
2	東京	7.62%	**大阪**	9.09%	山形	6.12%	東京	6.32%
3	福島	6.97%	**兵庫**	6.47%	福島	6.01%	山形	6.02%
4	神奈川	5.54%	**愛知**	6.42%	栃木	5.22%	栃木	5.87%
5	埼玉	5.22%	東京	4.89%	静岡	4.65%	新潟	5.67%
6	岩手	4.48%	神奈川	3.86%	茨城	4.31%	岩手	5.57%
7	静岡	4.28%	福島	3.59%	東京	4.14%	埼玉	5.18%
8	千葉	4.16%	富山	3.33%	群馬	4.08%	茨城	5.08%
9	茨城	4.07%	山形	3.20%	岩手	3.97%	福島	4.93%
10	山形	4.03%	静岡	3.09%	青森	3.68%	青森	4.48%

注）昭和59年度，昭和62年度には前期日程・後期日程の区別はない

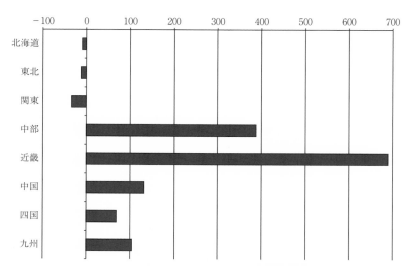

図2-4. 昭和59年度と比較した昭和62年度合格者数の増減

3.3　入学辞退者の地理的特徴

　それでは，昭和62年度改革によって現れた新たな志願者層は東北大学から見たときにどのような特徴を持つ層だったのだろうか。それは入学辞退者の地理的特徴に見出すことができる。

　表2-3は，入学辞退者数の実数が多かった順に上位10都道府県を並べたものである。通常の年度では，都道府県別に見た場合，入学辞退者数は多くとも20名程度に止まっている。ところが，昭和62年度（1987年度）の欄には，一ケタ，ないしは，二ケタ違った数値が現れている。複数の大学に合格することが可能な制度だったので，入学辞退者が増加するのは当然と言えるのだが，大阪，兵庫，愛知の三つの都道府県からの受験生は，たとえ合格しても，三ケタのオーダーで入学を辞退していったのである。

　以上の結果を総括すると，東北大学にとっての昭和62年度改革，特に受験機会の複数化は，西日本，特に大阪，兵庫，愛知といった大都市を抱えた地域の学力の高い受験生に広く門戸を開くこととなった。彼らは，複数となった受験機会を利用して，この年，突如として東北大学に志願し，比較的高い割合で合格を射止めた。その一方で，最終的には半数を超える者が入学を辞退し，結果的に東北大生とはならなかったのである。

表2-3．東北大学一般入試前期日程入学辞退者数上位10都道府県

	昭和59年度		昭和62年度		平成14年度		平成24年度	
	辞退者数	辞退率	辞退者数	辞退率	辞退者数	辞退率	辞退者数	辞退率
1	神奈川 22	16.18%	**大阪** 191	55.52%	東京 12	16.44%	東京 10	7.87%
2	千葉 21	20.59%	**兵庫** 128	52.24%	埼玉 10	17.24%	宮城 6	2.11%
3	東京 19	10.16%	**愛知** 119	48.97%	群馬 6	8.33%	茨城 5	4.90%
4	福島 16	9.36%	東京 59	31.89%	宮城 5	1.90%	神奈川 4	7.14%
5	宮城 12	3.07%	神奈川 52	35.62%	秋田 4	7.02%	岩手 4	3.57%
6	愛知 10	12.66%	静岡 36	30.77%	静岡 4	4.88%	栃木 4	3.39%
7	埼玉 10	7.81%	富山 35	27.78%	長野 3	6.67%	福島 3	3.03%
8	静岡 9	8.57%	福岡 30	47.62%	千葉 3	5.77%	埼玉 3	2.88%
9	山梨 7	21.21%	長野 28	31.82%	神奈川 3	5.08%	愛知 2	6.06%
10	北海道 7	8.64%	京都 28	44.44%	茨城 3	3.95%	千葉 2	4.88%

注）昭和59年度，昭和62年度には前期日程・後期日程の区別はない

　合格者の陰には不合格者が存在している。もちろん，入試における合否はあらかじめ定められた選抜方法に従って決定される。どのような学生が大学の求める学生像と合致するのか，それは選抜方法として具現化されるべきであるが，制度的な限界があるのもまた事実なのだ。大量の入学辞退の陰で，もしかすると彼らが志願をしなければ入学していたかもしれない学生が不合格となり，大学への門戸を閉ざされた。それは何を意味していたのだろうか。

第6節　昭和62年度改革の帰結

1．東北大学における入試制度改革の開始

　共通1次に昭和62年度改革が施された2年後，共通1次が新しくセンター試験に衣替えとなった平成2年度（1990年度）に，東北大学にとっての入試改革元年と位置づけられるべき出来事が起こった。東北大学では，この年から一つの募集単位を前期日程・後期日程に分けて募集する分離分割方式を全学で導入するとともに，工学部が他学部に先陣を切ってセンター試験を利用するタイプの推薦入学を導入した。翌年に工学部はセンター試験を利用しないタイプの推薦入学Ⅰを導入，前年度導入した推薦入学の名称を推薦入学Ⅱとして，それ以降の東北大学各学部の入試制度のひな型が出来上がった。

その後の変遷は図2-5を参照いただきたい。破線で示した矢印が推薦入学，実線の矢印がAO入試を示す。平成28年度（2016年度）現在も存続している制度は太線で表されている。平成29年度（2015年度）入試までは確定だが，それ以降は見込みである。

　当初，推薦入学については，他学部は工学部の様子見をしていた印象であったが，平成9年度（1997年度）に理学部が推薦入学Ⅰを導入すると，翌年には経済学部が推薦入学Ⅱを導入する，といった形で追随する学部が現れてきた。

２．学力重視のAO入試へ

　図2-5において縦線の入っている年は何らかの大きな変わり目となった節目の年である。平成2年度（1990年度）の変革は先述した通りである。

　東北大学工学部の推薦入学導入から10年後，最初の節目となったのが平成12年度（2000年度）である。この年から国立大学でAO入試が導入され，東北大学も九州大学，筑波大学とともに国立大学でAO入試を初めて導入した三つの大学の一つとなったわけだが，そのベースには10年間続けられてきた工学部の推薦入学の基盤があったことは言うまでもない。当初は推薦入学からAO入試に切り替えた工学部と新規に入試の多様化に手を付けた歯学部の2学部体制であった。図2-5における前年度の矢印から翌年度の矢印へ結ぶ細い実線は，制度間のつながりを示す。翌年，平成13年度（2001年度）に理学部が推薦入学ⅠをAO入試Ⅱ期に衣替えして加わり，AO入試が3学部体制となった。ただし，この時期には平成12年度（2000年度）に経済学部と薬学部が，翌年には農学部が推薦入学Ⅰを導入するなど方向性はそれぞれであって，全学揃ってAO入試に向かっていったわけではない。

　推薦入学からAO入試の切り替えに当たり，特に工学部において，そのコンセプトに関する議論が行われた。そして，現在の「学力重視のAO入試」，AO入試は「東北大学第1志望の志願者だけの特別な受験機会」という東北大学型AO入試のコンセプトが固まっていった。そこに込められた思いを辿っていくと，昭和62年度改革によってもたらされた現象に行き着く。昭和62年度改革と東北大学の入試改革を直接結び付ける資料を筆者が入手しているわけではないので，東北大学型AO入試の誕生に昭和62年度改革の影響を

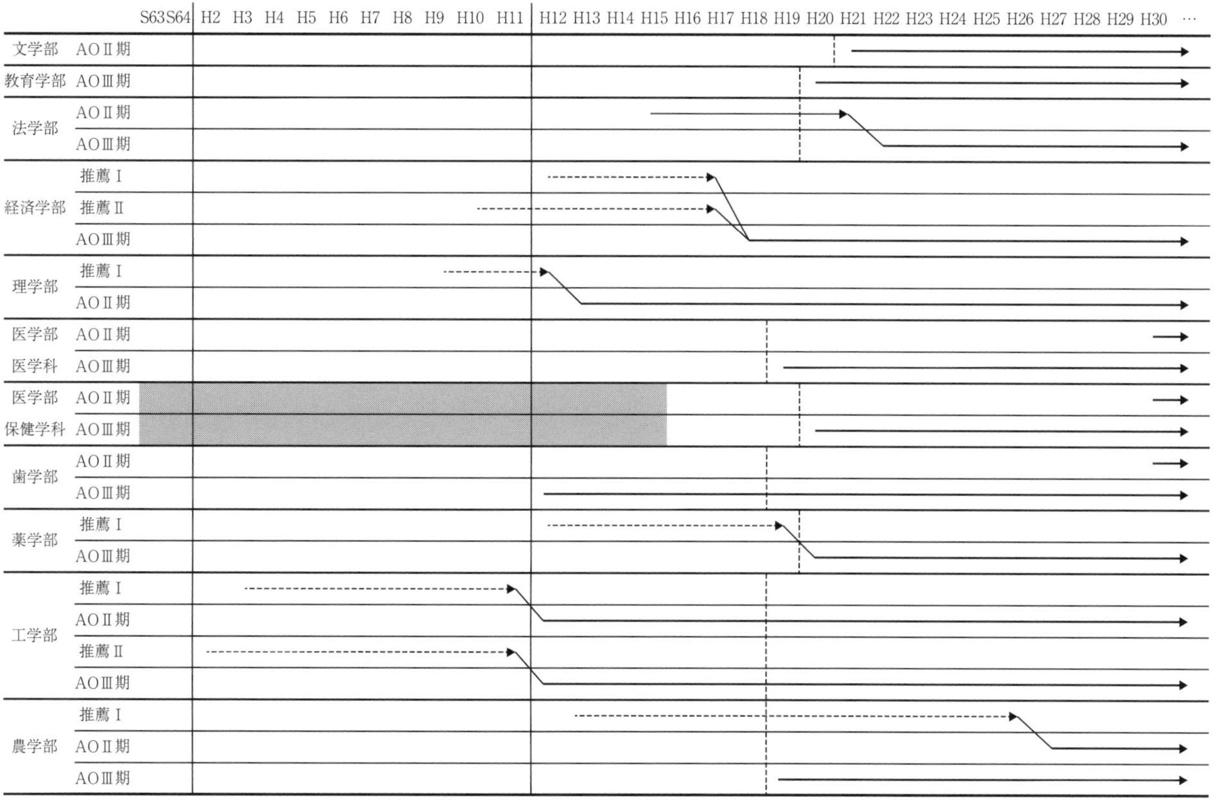

図2-5. 東北大学における推薦入学・AO入試導入の軌跡

見るのは筆者の憶測に過ぎないかもしれない。しかし，昭和62年度改革が東北大学における入試改革の引き金となったと考えるのは，そう無理な想定でもないだろう。

　その後，学部によってずれはあるが，節目は平成19年度（2007年度）〜平成21年度（2009年度）にある。この時期，続々と一般入試後期日程が廃止されていった。これは，先述の国立大学協会から出された『平成18年度入試にかかる分離分割方式の改善について』と題する通達に基づく改革である（国立大学協会，2003）。通達は推薦入学やAO入試の導入と引き換えに後期日程（分割比率の少ない日程）を廃止しても良いと読める。東北大学では，後期日程の存廃は各学部の判断に委ねられたが，経済学部と理学部を除く他の学部は相次いで後期日程を廃止した。そのうち，文学部，医学部医学科，医学部保健学科，農学部は後期日程の廃止に合わせてAO入試を導入し，薬学部は従前からの推薦入学ⅠをAO入試Ⅲ期に切り替えている。この時点で，東北大学が全学体制でAO入試に向かっていく流れができた。制度の性質上，ほとんどの受験生は前期日程までに受験する大学を第1志望としている。後期日程では入試成績で示される学力は高くとも，必ずしも第1志望ではない学生が相当数合格し，入学することになる。すでに昭和62年度改革による騒動の記憶は忘却の彼方であったとは言え，こういった判断を下した学部が先行してAO入試を導入していた学部の実績を成功とみて，先行事例を模して学力重視の東北大学型AO入試を用いて第1志望の受験生を獲得しようと考えたことは疑いない。

　平成21年度（2009年度）からAO入試Ⅱ期を導入した文学部をもって，東北大学では全ての学部がAO入試を導入することとなった。さらに，農学部が平成26年度（2014年度）入試をもって推薦入試（以前の推薦入学Ⅰ）を廃止し，翌年からAO入試Ⅱ期に切り替えたことにより，東北大学における主要な入試区分は一般入試とAO入試に整理されることとなって，現在に至っている。

3．東北大学における入試の多様化の本質

　東北大学の場合，AO入試の拡大という形で徐々に体現されていった入試の多様化につながる問題状況は，学力検査の偏重が原因で引き起こされたわ

けではない。昭和62年度改革の副作用としてもたらされた志願の地理的流動化によって志望動機の低い学生が急増したことに対するリアクションとみるのが自然である。したがって，その処方箋も学力検査の弊害を除去するということではなく，学力検査中心の一般入試の存在を前提として志望動機の高い学生を惹きつけるための工夫として設計されている。

　東北大学を第1志望としてAO入試を受験しても，残念ながら不合格となる受験生も出てくるが，その多くは一般入試で再挑戦して合格し，入学する。実際，東北大学のAO入試は一般入試前期日程試験の個別試験への準備を前提として成り立っている。AO入試で入学してくる学生も，受験勉強をして前期日程試験の準備を行う。その構造によって支えられている。さらに，センター試験を利用しないAO入試Ⅱ期においても何らかの筆記試験を課して，その時点での志願者のアカデミックな実力を評価する方式を採用している。高い基礎学力を前提として，志願者の意欲を掻き立てることを目的とした仕組みなのだ。

◆◇◆
第7節　まとめ

　昭和62年度改革の理念の眼目は，一言で言えば，受験生の興味関心に沿った大学選択の実現，「『入れる大学』から『学びたい大学』へ」ということにあった。言い換えるならば，偏差値重視の大学選びからの脱却が目的であった。まさしく，大学側もそのような主体的な進路選択に関しては大いに歓迎するところであろう。学力水準を担保した上でアドミッション・ポリシー，ないしは求める学生像に適う意欲を持った第1志望の学生をどのように確保するかということは，アドミッションの現場では，ますます大切な至上命題となっている。

　問題の基本的な構図は現在でも昭和62年度（1987年度）当時から変わってはいない。その反面，大きく変化したのは大学入試を巡る環境である。当時は受験生にとって有用な大学情報を得るのは難しかったかもしれないが，今は情報が溢れている。情報メディアが大きく進歩しただけではなく，高等学校も大学も高大連携活動に大きなエネルギーを注ぐようになった。

大学入試それ自体も大きく様変わりした。特に，推薦入試の拡大，AO入試の導入，各種の特別入試の導入により，大学入試の多様化は大いに進んだ。学力検査を中心とした一般入試が「一般入試」の名称に相応しいほどの規模と影響力を持たなくなっていることは周知の事実である。大学進学志望者に対する大学の収容力も拡大し，浪人は年々減っている。それとは裏腹に，大学入試を巡る環境の大きな変化に対応する形で入試に関わる議論の論点やフレームワークは変化してきたのだろうか。十分，検討に値する問題ではないだろうか。

状況が大きく変化したにもかかわらず，どうしても解決されずに残ってしまう問題もある。例えば，高木（2013），長澤（2013）は，現状において，大手受験産業が提供する「センターリサーチ」が，志願者の出願先の最終動向に多大な影響を及ぼしている状況を示した。たとえ，「自己採点方式」を制度として廃止しても，民間の教育産業が再構成する情報を利用した自己採点は可能である。したがって，どのように工夫してもその結果を利用した合格可能性の見積もりとそれに基づく志願先の検討というプロセスそのものを根絶することは不可能なようである。要は，いつの時代でも自らの関心に照らしながら，大学に関わる情報と合格可能性の双方を勘案した上で出願先を決定することは，個々の受験生に課せられた不可避の進路選択プロセスに違いない。そのような実態を踏まえると，偏差値重視の進路選択の原因を自己採点方式に求めたことが正しい認識だったのか，考え直す余地もありそうだ。

東北大学という一個別大学の立場から見たとき，昭和62年度改革によって新たに惹きつけられた受験生は「学びたい大学」として東北大学を選択したというより，「入れる大学」として選択した者だったように思われる。結果的に昭和62年度改革は極めて強い力で理念とは逆方向に作用した印象が否めない。入試におけるその影響力は東日本大震災という未曽有の大災害よりもはるかに強力であり，個別大学の現場でのあらゆる努力と工夫を一気に吹き飛ばしてしまうほどのものだったと言える。それでも，平成2年度（1990年度）入試からの分離分割方式と工学部を皮切りにした推薦入学の導入，平成12年度（2000年度）からのAO入試の導入と拡大といった入試改革に積極的に取り組んできた結果として，東北大学は第1志望の学生を惹きつけることに何とか成功してきた。長い道のりであったが，30年近くたった現在，入試

を含む高大接続に対する取り組みは180度違うと言ってよいくらい，大きく変わった。こうした息の長い取り組みは決して目立つものではない。逆に，他者の耳目を引きつつ大見得を切るような短兵急で派手な変革でないからこそ，改革本来の目的に沿わない影響を少しずつ抑え込んでいくことが可能になるのではないだろうか。

　この昭和62年度改革を歴史的な教訓として受け止めるならば，制度改革の前提として，冷静な現状分析のプロセスを経た上での改革理念の吟味と息の長い取り組みが欠かせないと思われる。

第8節　追　記

　本稿が出版された平成28年（2016年）から4年間の変化のうち，本稿に関わる主な出来事について記す。平成28年度（2016年度）入試から開始された「AO入試拡大3割方針」は，その後，当時の大学執行部から令和3年度（2021年度）入試において達成，という方針が示された。実際に達成の見込みである[13]。おおまかな方針として，平成28年度（2016年度）入試では，AO入試合格者数の実質的な定員化を図った。すなわち，それまでは募集人員を大幅に超えて合格を出している学部がいくつかあったが，それを募集人員に反映することとした。平成29年度（2017年度）入試では，各学部とも従来の枠組の中での募集人員増を図った。平成30年度（2018年度）入試からは，従来は実施してこなかった区分の入試を新たに導入することを求めた。その結果，図2-5にもあるように平成30年度（2018年度）入試では医学部医学科，医学部保健学科看護学専攻，歯学部がAO入試II期を開始した。平成31年度（2019年度）入試では，新たに文学部と理学部がAO入試III期，法学部がAO入試II期を導入した。令和3年度（2021年度）入試では教育学部と医学部保健学科放射線技術科学専攻および検査科学技術専攻がAO入試II期を導入する[14]。なお，「AO入試拡大3割方針」のために新たなタイプのAO入試を開発することはしなかった。あくまでも，これまで積み上げてきた実績の枠内での改革である。

　入試の急変が様々な悪影響を及ぼす以上，実質6年間という短期間に，大

学が持つ志願者層の構造を壊さないで目標を達成することには困難が伴う。最も工夫が必要だったのが AO 入試Ⅱ期における学力重視方針の維持である。基本的に，一般入試は全学体制で実施し，AO 入試は各学部が実施する，というのが東北大学における学部入試の方針であった。AO 入試拡大 3 割方針を契機に，各学部の特性を生かしつつも一部を全学体制化することとして現在も改革を進めている。AO 入試で課されている筆記試験を全て学部で賄うのは不可能である。そこで，AO 入試Ⅱ期の筆記試験の作題および採点に関わる全学組織を新たに立ち上げ，平成30年度（2018年度）入試から希望する学部がそこに参加する形を取っている。特に，平成28年度（2016年度）から新たに設けられた特任教授制度がそれを支えている。令和 2 年度（2018年度）現在，5 名の高校教員出身の特任教授が大きな役割を担っている。また，それだけではなく，効果的な入試広報からミスのない入試実施体制に至るまで，高校教育に通じた特任教授が東北大学の学部入試にとって欠かせない存在となってきている。

　先述のように，「全ての入試改革は結果的に『改悪』として受け取られてしまう（倉元，2012，p.55）」宿命にある。本来の実効性のある入試改革は，少しずつ積み重ねられた変化の先にあるものだ。現在進行中の高大接続改革にどのような歴史的審判が下るかは先の話だが，個別大学の責任としては「受験生保護の大原則」に沿った入試設計を行うことが肝心だろう。もちろん，大学入試は一人ひとりの受験生のためにある。ひいては，その原則を貫くことが個別大学の利益につながると考えている。

注
1 ）導入初年度は「知能検査」という呼称用いられていた。「進学適性検査」となったのは昭和23年度（1948年度）からである。
2 ）例えば，西堀（1978）は「入学試験の学力検査の程度が，高校新卒者にとっては難しすぎるからで，これでは浪人をして受験勉強に専念しなければ入学競争に勝つことができない」と述べている。
3 ）新制国立大学の入学者選抜において国立大学を 2 グループに分け，入試日程をずらして一斉に実施する制度。「どの大学を一期校とするか，二期校とするかは大学入学者選抜実施要項の別表で定められ，30年間ほぼ固定されていた。このことから，大学の区分として一期校，二期校の呼称が生まれた。」という（大学入試センター，1992）。

4）国立大学入試改善特別委員会の中間報告（国立大学入試改善特別委員会，1985）
　　を参考にまとめたものである。

5）主として黒羽（2001）の記述による。

6）法学部の定員の一部を「B日程」に割いた。

7）山田・石塚（1988）によれば，「共通1次全出願者の88.7%が5教科全てを，そし
　　て5.5%が一部教科を受験」していた。また，4教科以下を課した大学は国立大学15
　　大学20学部，公立大学12大学18学部に過ぎなかった。

8）「同一学部の募集定員を前期日程及び後期日程に分け，前期日程の試験を実施し，
　　合格者の発表を行い，入学手続きを行わせた後，更に後期日程の試験を実施し，合
　　格発表と入学手続きを行わせるものをいう。」（大学入試センター，1992）。

9）大学への出願期間を共通1次実施日の後に設定しつつ「自己採点方式は廃止」とい
　　う仕組みは，平均点等の「実施結果の概要」が大学入試センターから公表される
　　タイミングの問題とその位置づけに影響を与えたと思われる。昭和61年度（1986年
　　度）までは各大学の出願受付開始日前に中間発表が行われた。昭和62年度（1987年
　　度）からは中間発表が無くなり「平均点等統計数値については，2月初旬の発表」
　　となった（大学入試センター，1992）。なお，平成10年度（1998年度）入試から得
　　点調整が導入されたが，その決定とともに平均値等統計数値の中間集計結果が公表
　　されるようになり（大学入試センター，1996，1997），現在に至っている。

10）この「合格率の停滞」現象が生じるメカニズムは，内田・鈴木・橋本・荒井
　　（2018）によって解明された。

11）ただし，辞退者の定義は「複数の大学・学部に合格しても，その全てを辞退した
　　者，つまり国公立大学への入学そのものを取りやめた者（山田・石塚，1988）」と
　　している。

12）東日本大震災の発生は平成23年（2011年）3月11日であったが，翌3月12日は一
　　般入試後期日程試験の個別試験が予定されていた。結果的に個別試験は中止となり，
　　センター試験の成績を主たる選抜資料として合否の決定を行わざるを得なくなった。
　　そのため，例年であれば既に入学を希望する大学に合格して試験を欠席する予定
　　だった受験生に対しても合格通知を出さざるを得なかったものと推測している。

13）現時点では少なくとも31.1%に達する見込みである。

14）既存の枠組の拡張に加えて一般入試や特別入試の「実質AO化」の工夫も一部で
　　行われている。経済学部では，全国初の試みとして令和2年度（2020年度）入試か
　　ら「理系入試」を導入した。入試科目を完全に理系学部に合わせたもので「高校時
　　代理系で学んだ生徒」をターゲットとしている。いわゆる文転をせずに理系科目で
　　経済学部の受験が可能な点が経済学系志望の理系受験生から見たメリットである。
　　AO入試III期，一般入試前期日程，一般入試後期日程に各10名の募集人員を割いた
　　が，このうち，後期日程に面接試験を導入して，受験生をより多面的に評価するこ
　　ととした。募集人員に対する比率を算出するとき，これも「AO入試」とみなして
　　いる。令和3年度（2021年度）入試からは理学部も後期日程に面接を導入し，実質
　　的にAO入試の要素を取り入れる。また，平成30年度（2018年度）からは一部の特
　　別入試が定員化されたので，その定員もAO入試相当として算入している。

文　献

朝日新聞（2013）．入試　点数偏重から転換　11月1日朝刊

中央教育審議会（2014）．新しい時代にふさわしい高大接続の実現に向けた高等学校教育，大学教育，大学入学者選抜の一体的改革について——すべての若者が夢や目標を芽吹かせ，未来に花開かせるために——（答申）　文部科学省　Retrieved from http://www.mext.go.jp/b_menu/shingi/chukyo/chukyo0/toushin/__icsFiles/afield-file/2015/01/14/1354191.pdf（2015年12月30日）

大学入試センター（1986）．'86 大学入試センター

大学入試センター（1992）．'92：大学入試フォーラム——特集：大学入試用語集——

大学入試センター（1996）．平成8（1996）年度　文部省　大学入試センター要覧

大学入試センター（1997）．平成9（1997）年度　文部省　大学入試センター要覧

本郷　真紹（2016）．大学入学者選抜改革をめぐる課題と展望　東北大学高度教養教育・学生支援機構（編）　高大接続改革にどう向き合うか（pp.189-205）　東北大学出版会

石井　光夫（2016）．国立大学入試における個別選抜のゆくえ　東北大学高度教養教育・学生支援機構（編）　高大接続改革にどう向き合うか（pp.221-242）　東北大学出版会

岩田　弘三（1986）．国公立大学2次試験出願者の地理的選択の範囲に関する分析　'86：大学入試フォーラム，*8*，93-118.

岩田　弘三（1987）．学部系統別にみた受験者の地理的選択の範囲'87：大学入試フォーラム，*9*，110-135.

岩田　弘三（1988）．志願者の属性別にみた地理的選択の範囲'88：大学入試フォーラム，*10*，136-167.

岩田　弘三・岩坪　秀一（1988）．受験機会の複数化にともなう地理的流動性——昭和61年度以前の地理的志願動向とのひかくをとおして——　大学入試センター研究紀要，*17*，29-100.

木村　拓也（2012）．共通第1次学力試験の導入の経緯——「日本型大学入学者選抜の三原則」の帰結として——　東北大学高等教育開発推進センター（編）　高等学校学習指導要領 VS 大学入試（pp.125-155）　東北大学出版会

国立大学協会（1988）．昭和64年度入試について

国立大学協会（1993）．国立大学の入学者選抜における現行の「連続方式」と「分離分割方式」の統合について

国立大学協会（2003）．平成18年度入試にかかる分離分割方式の改善について．

国立大学協会入試改善特別委員会（1985）．入試改善特別委員会中間報告

国立大学協会入試改善特別委員会（1986）．共通第1次学力試験のあり方をめぐって

国立大学協会入試改善特別委員会（1987）．国立大学協会入試改善特別委員会報告

国立大学入学者選抜研究連絡協議会（2002）．AO入試の現在（いま）　大学入試研究の動向，*20*，1-36.

倉元　直樹（2012）．大学入試制度の変更に伴うスケジュール問題の構造　東北大学高等教育開発推進センター（編）　高等学校学習指導要領 VS 大学入試（pp.53-89）　東北大学出版会

倉元　直樹（2014）．大学入試制度の変更は何をもたらしたのか？——昭和62年度改革の事例——　大学入試研究ジャーナル，*24*，81-89.

黒羽　亮一（2001）．新版　戦後大学政策の展開　玉川大学出版部

教育再生実行会議（2013）．高等学校教育と大学教育の接続・大学入学者選抜の在り方について（第四次提言）　首相官邸　Retrieved from http://www.kantei.go.jp/jp/singi/kyouikusaisei/pdf/dai4_1.pdf（2015年12月30日）

文部省（1992）．学制百二十年史　ぎょうせい

長澤　武（2013）．変わりゆく教育環境の中で，問われる大学入試　東北大学高等教育開発推進センター（編）　大学入試と高校現場——進学指導の教育的意義——（pp.189-225）　東北大学出版会

西堀　道雄（1978）．入試に関する教育心理学的諸問題　Ⅰ大学入試　教育心理学年報，*17*，117-163.

臨時教育審議会（1985）．教育改革に関する第1次答申

高木　繁（2013）．センターリサーチと個別試験受験者の成績分布から見た輪切りの実態　大学入試研究ジャーナル，*23*，51-56.

内田照久・鈴木規夫・橋本貴充・荒井克弘（2018）．センター試験における大学合格率の停滞現象——自己採点による出願先の主体的選択が生み出す受験者の分散配置——日本テスト学会誌，*14*，17-30.

山田　文康・石塚　智一（1988）．国公立大学受験機会複数化のもとでの受験者の行動　大学入試センター研究紀要，*17*，1-27.

付　記

　本稿は，「倉元　直樹（2014）．大学入試制度の変更は何をもたらしたのか？——昭和62年度改革の事例——　大学入試研究ジャーナル，*24*，81-89.」に大幅に加筆修正を加えたものである。

原　典

倉元　直樹（2016）．大学入試改革モデルとしての「東北大学型AO入試」の誕生——「昭和62年度改革」の教訓から——　東北大学高度教養教育・学生支援機構（編）　高大接続改革にどう向き合うか（pp.85-113）　東北大学出版会

第2部

高大接続改革と高校現場

第 3 章

生徒の学びと大学入試について
——生徒の学びの本質を考える——

山形県立米沢興譲館高等学校　教諭　**廣瀬　辰平**

第 1 節　はじめに

　筆者が勤務する山形県立米沢興譲館高等学校（以後，「本校」と表記する）は，平成31年（2019年）で創立133周年を迎える地域の伝統校であり，進学校である。また，スーパーサイエンスハイスクール（以後，「SSH」と表記する）研究指定校でもあり，科学教育には長年力を入れてきた。本校は，米沢市の中心からは大きく南に外れ，最寄りの米沢南駅からは徒歩20分と，率直に言って通学の便は悪い。冬になると積雪によりさらに交通の便は悪くなる。また，82,000人ほどの人口の米沢市は，少子・高齢化，人口流出の課題を抱え，本校生も地域の将来に明るい見通しを持てているとは言い難い。その環境は，良くも悪くも学校に対しての多様なニーズを生み出している。地域，保護者，生徒，県からの多様なニーズに応えるべく，多くのことを抱え込んできた学校であるとも言える。この点は，全国の地方公立高校における共通の悩みではないかと思う。進学実績を求められ，全人教育を求められ，人口流出の課題があり，グローバル化・技術革新が進む新しい時代にあるべき教育を求められ，伝統校ゆえの多くの期待を寄せられ，またそれに応えようと教育実践を重ねてきたと言える。

　求められることが多いのは，期待の表れでもあり，そのこと自体が悪いわけではない。そして，それらに応えるために考え，もがくことも問題の本質ではない。もちろん時間や許容量には限りがあり，優先して取り組んでいかなければならないことを考えることは重要だ。しかし，それらの課題をクリアしながら，本校にとってより良い教育とは何かを日々考え，必要な手直しをしていくことはむしろ必要なことであると考えている。日々の現場で教員

が肌で感じていること，社会の変化や課題，大学入試に向かってどのような力をつけて向かわせればよいのか，それらをどう自校の教育に落とし込んでいくかを考えることは重要なことだ。筆者が危惧していることは，一連の教育改革や入試の変更の流れの中で，教育の本質的な議論をしないまま形だけの教育改革をしてしまう高校現場が出てきてしまうのではないか，ということである。改革そのものがいいかどうか（むしろ理念には大きく賛同している）というより，現場がどのような変化をするのか，に危惧がある。

　本稿で整理したいことは，進学校は進学実績のみにとらわれているという，教育界に向けられた一般的な誤解に対して，そうではないこと，また生徒が進学することの意味について，極めて真摯に，不断に悩み，答えを求め続け，日々工夫・実践していることである。その実践について，どのような理念やねらいがあり取り組まれているのか，そのことを整理しながら，入試制度が変わろうとしている今，本校の取り組みの経過と将来また，現在の課題を述べてみたいと思う。

◆◇◆

第２節　カリキュラムマネジメントの議論

　平成26年（2014年）12月に出された「新しい時代にふさわしい高大接続の実現に向けた高等学校教育，大学教育，大学入学者選抜の一体的改革について（答申）」（中央教育審議会，2014）から，高校教育や大学教育，現在の入試が抱えるあらゆる課題がまな板にあげられ，抜本的改革を目指した議論がスタートした。その動きとほぼ並走するように，本校では，平成28年度（2016年度）に控えたSSH3期目指定の申請準備，平成30年度（2018年度）から設置される「探究科」の準備のためのカリキュラム作成など，比較的大きな議論をしてきた。入試が変わる，教育が変わる，と言われてきた中で，本校が議論し，積み上げてきたことを整理したい。

１．身につけて欲しい力の整理

　平成27年度（2015年度）に，「将来構想委員会」が立ち上がり，自薦，他薦で選出され，委嘱された教員による議論が始まった。論点は，「生徒に付

けさせるべき力」と「探究的な学び」についてであった。「生徒に付けさせ
るべき力」については，社会が変化する中で，生徒にどうあって欲しいか，
「目指す生徒像」とそのためには，どのような力をつけるべきかを議論した。
その過程では，生徒が本当に学んでいる状態はどういう状態か，学力がつい
たとはどういう状態か，本校の抱える教育課題はどのようなものか，手探り
の中，議論を重ねてきた。約1年半かけ，専門家の指導を取り入れながら，
生徒に身に付けて欲しい力を整理・策定した（図3−1参照）。

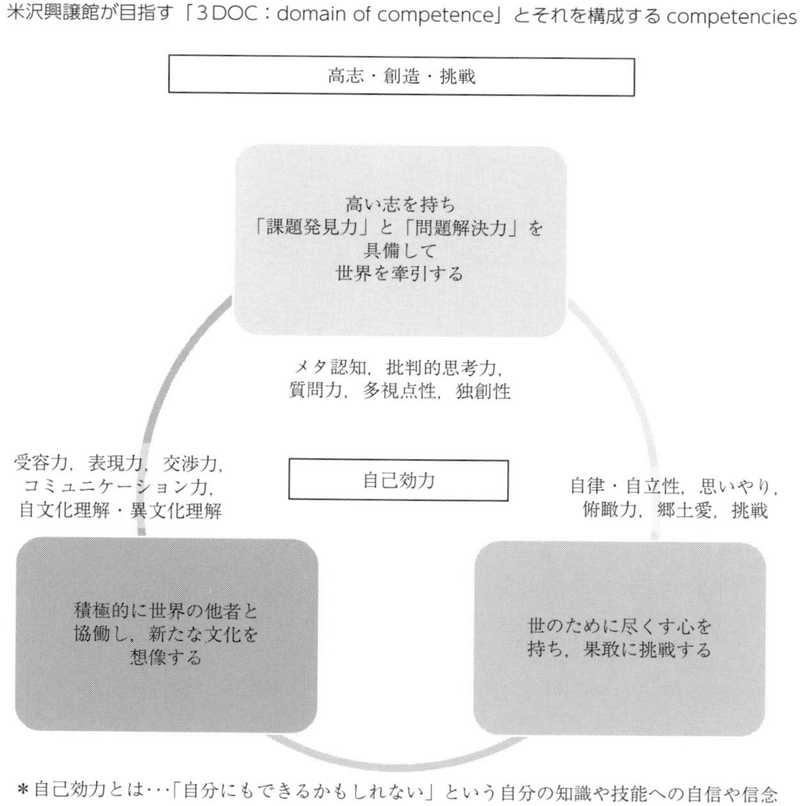

米沢興譲館が目指す「3DOC：domain of competence」とそれを構成するcompetencies

高志・創造・挑戦

高い志を持ち
「課題発見力」と「問題解決力」を
具備して
世界を牽引する

メタ認知，批判的思考力，
質問力，多視点性，独創性

受容力，表現力，交渉力，
コミュニケーション力，
自文化理解・異文化理解

自己効力

自律・自立性，思いやり，
俯瞰力，郷土愛，挑戦

積極的に世界の他者と
協働し，新たな文化を
想像する

世のために尽くす心を
持ち，果敢に挑戦する

＊自己効力とは…「自分にもできるかもしれない」という自分の知識や技能への自信や信念

図3−1．3DOCとそれを構成するcompetencies

あらゆる場面で，これらの力を育成することを教員間で共有しながら指導することとしている。また，中央に配置した「自己効力」については，生徒が力をつけていく土台に「意欲」があり，それをとらえる指標の一つとして，本校では重要視している。自己効力とは，「観察や実験あるいは自由研究や宿題などの学習に直面した時，その課題を自分の知識や技能などによってうまく処理できるか否かという，学習能力についての自信や信念」（鈴木，2012，p.21）である。本校では，簡易にまとめ，「『自分にもできるかもしれない』という自分の知識や技能への自信や信念」と説明している。また，北海道大学鈴木誠教授の指導の下，自己効力測定尺度を用い，定量的にとらえ，分析し，指導に活かしている。これらが本当に教育実践に根付くためには，策定後の実践の積み上げが大切であり，それがすべて上手くいっているわけではないが，常に改善を続け，よりよい教育を求め続けたいと考えている。そのために講じている工夫や今後の見通しについては，別節で述べたい。

２．SSH とキャリア教育

カリキュラムデザインの議論の中で整理されたことの一つとして，SSH事業とキャリア教育の実質的な一体化がある。今まで「進路指導」，「SSH諸活動」，「学習」，「行事等」が個別に扱われ，個々の取り組みがそれぞれの文脈で語られ，ややもすると時間の奪い合いのような議論が見られることも少なくなかった。進学のための受験指導や学習の時間確保と，生徒を育てる様々な取り組みが対立する。しかし，全てが生徒の成長に結び付く教育活動であること，とりわけ，今まで個別に積み上げが多かった「進路指導」と「SSH諸活動」は，生徒の学習意欲を引き出すためのもの，さらにはキャリア教育として，同じ方向を目指すものであるべきという認識を共有した。キャリア教育においては，生徒自身が将来を描き，自律的に生き抜いていく姿勢を育て，そのために必要な力を養うことが重要である。その過程に「大学選択」や「職業選択」がある。しかし，自分で選択する力を養わずに，選択だけを生徒に課しては，何も育たない。選ぶ力を付けたうえで選ばせる指導が高校におけるキャリア教育の要諦である。そのためには，自分の興味・関心を広げること，必要な知識を得ること，情報収集の方法を知っていること，自分の課題及び解決のための方略を知っていること，学問や社会につい

て知っていること，体験的に学んでいること，実現に向けて努力を継続できることなどの様々な力が要求される。

　本校では，SSH事業の大きな流れに，1年時に主に学問と社会について広く学ぶ学校設定教科・科目「異分野融合サイエンス」（以後，「FS」と表記する），2年時には，自分の興味・関心に基づいて探究的な学びに取り組む学校設定科目「スーパーサイエンスリサーチ」（以後，「SSR」と表記する）がある。1年時は学問への興味・関心を広げ，2年時は自ら探究する流れである。また，そのために必要な思考力や表現力について補うような時間も1年時には設けられている。翻って進路指導においても，学問を知るために大学の先生方を招いての出前講座「興譲館大学講座」（平成29年［2017年］まで実施）があり，大学見学の企画や進路学習などを学年ごとに企画していた。しかし，担当分掌が異なる教員の間で，生徒の学びの目的，過程，成果についての共通理解力や連携は十分とはいえない状況にあった。そこで，生徒に付けたい力をベースに，どのような段階で，どのような経験を生徒にさせるか，また，そのことが，生徒の将来にとってどのような意味を持つのかの議論がなされた。その結果，「キャリア教育」という視点で様々な取り組みを体系化することが目指された。具体的な取り組みは後述するが，そのような視点で出来上がったのが，「米沢興譲館高校　未来創造プログラム〜なせば成る〜」（図3-2参照）である。

　また，この3年間の指導体制に，従来進路指導課で運用していた制度を採り入れた。具体的には，推薦・AO入試の出願・面接・小論文や一般入試の小論文・面接指導など，教科に分類できない内容の指導を，学部・学科系統に大まかに分類した教員グループで，全職員体制で指導していた制度である。主に出口指導が中心であった制度を，1年時からのFSコース設計，SSR指導などにおいても，卒業時の姿をイメージして指導に当たる体制を取った。その結果，様々な取り組みは，3年間の流れの中で位置づけられ，それらをどう生徒の中に根付かせ，つないでいくかという視点で議論されるようになった。

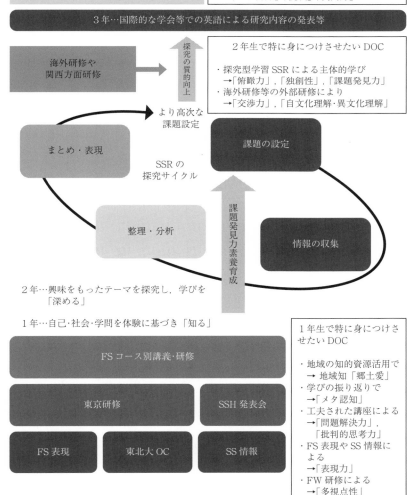

「米沢興譲館高校 未来創造プログラム ～なせば成る～」の流れ（案）

教員の評価や支援体制等

・多様な入試に対応する多様な評価の実践

・FS→進路実現まで一貫した学部エキスパート制

・連携先のネットワーク構築と継承

3年生で特に身につけさせたいDOC

・国際的な学会等での発表や各種コンテスト
・今までの学びをつなげる創造・表現
・主体的に自らのキャリアを描き具体化し叶える
　→「メタ認知」・「挑戦」・「質問力」

3年…国際的な学会等での英語による研究内容の発表等

海外研修や
関西方面研修

探究の質的向上

2年生で特に身につけさせたいDOC

・探究型学習SSRによる主体的学び
　→「俯瞰力」,「独創性」,「課題発見力」
・海外研修等の外部研修により
　→「交渉力」,「自文化理解・異文化理解」

より高次な
課題設定

まとめ・表現

課題の設定

SSRの
探究サイクル

整理・分析

情報の収集

課題発見力素養育成

2年…興味をもったテーマを探究し，学びを「深める」

1年…自己・社会・学問を体験に基づき「知る」

FS コース別講義・研修

東京研修

SSH 発表会

FS 表現

東北大 OC

SS 情報

1年生で特に身につけさせたいDOC

・地域の知的資源活用で
　→ 地域知「郷土愛」
・学びの振り返りで
　→「メタ認知」
・工夫された講座による
　→「問題解決力」，
　　「批判的思考力」
・FS 表現や SS 情報による
　→「表現力」
・FW 研修による
　→「多視点性」

図3-2．米沢興譲館高校 未来創造プログラム～なせば成る～

◆◇◆

第3節　入試制度の変更と本校の対応

　一連の教育改革の議論に対する基本的な考え方が二つある。一つは，大学入試を通して生徒がどう成長するかという視点を変わらずに持つことである。二つ目は，制度変更に伴う情報に触れるときに，いかに本質をとらえ，対応として具体的に準備しなければならないことと，教育理念として理解し，自校の教育活動に落とし込むかを分けて考えることである。例えば，「e-Portfolio」は，入試に使うから導入しなければならないことなのか，自校の教育に「Portfolio」の理念を具体的に落とし込むことが大切なのかは別の問題である。また，具体的に準備しなければならないことを報道のみでは上手くとらえられなかったことが，今回の制度変更の一番の特徴であったと思う。報道の全てを比較・検証したわけではないので，立ち入ったことはここでは述べることはできないが，「センター試験の廃止」と報じられて，そのとらえ方が個々人でかなり差が出る。そのため，答申そのものを読んでいないと，具体的な準備として何が必要なことか，そうでないかの判断がつきにくかった印象を持っている。そのこと自体が問題だとの指摘もあるかもしれないが，教育現場に身を置く者として，個人的な努力として当事者意識をもって，よりよい教育実践を考えるべきであると思っている。

　以上を踏まえ本校で，平成28年（2016年）～平成30年（2018年）にどのような議論をしたか，入試の変更点に沿って整理してみたい。

1．共通テスト

　共通テストの実施に向けて平成29年（2017年），平成30年（2018年）にそれぞれ試行調査が実施された。作題の方針，問題，解答，結果の分析なども公表され，センター試験ではみられなかった出題も多くみられた。そのすべてが，令和3年度（2021年度）入試に反映するわけではなく，テストとしての機能を調査するものであったことを考えると，まずは，自校生徒の学力分析と求められる学力の差をどうとらえ，指導に落とし込むか，今までの教員のなすべき努力の内容と変わりないと考えている。当然，新傾向になれば，新たな分析は必要であるが，教員が取り組むべき方法自体が変わるわけでは

ないと考えている。したがって本校では，教員に問題分析，生徒の学力分析をお願いしている。

さて，現行のセンター試験に対する最たる批判として，思考力・判断力・表現力を測定できていないという指摘がある。この点についてある一つのデータがある。

表３-１は，本校における国語の平成30年度大学入試センター試験の正誤答分析である。きわめて正答率が低い問題であり，学年全体

表３-１．平成30年度大学入試センター試験（国語）の正誤答分析

大問	1（評論）	
解答番号	10（問6）	
配点	4	
正答	4	
選択肢	全体（%）	理数科（%）
1	3.6	7.3
2	12.7	9.8
3	67.0	46.3
4	16.8	36.6

の正答率が16.8％であった。それに対し，理数科は36.6％であった（極端に差が出た問題はこの問のみ）。問の内容は本文中の表現についての説明で不適切なものを選ぶ問題であった。多くの生徒が選んだ「3」は，正しい説明なのだが表現意図を考えた経験がないものにとっては，間違いに見えてしまう選択肢であった。現代文を扱う授業は，1年時の国語総合も含め，理数科は6単位，文系は8単位で授業時間数は少ない。しかし，表現について，論文作成，プレゼンテーション，英語によるポスターセッションなど多くの授業及び機会がある。差が見られたのはこの1問のみではあるが，教科の知識だけでなく，表現力を間接的に測定できた問ではないだろうか。理数科の正答率が全体に比してよかった理由は様々考えられるが，教科の授業以外の要因が，教科学力に作用していると考えられる。テスト理論から見てこの問題が妥当であったかどうかはわからないが，センター試験が，「コンテンツベースの学力観」，「知識の再現のみ」という批判からは乖離した結果であると思っている。

2．英語外部検定試験

英語外部検定試験は，筆者が考える限りで率直に言って最も問題を抱えている制度であると思われる。一番の問題は，民間に委ねることに起因する複雑さである。制度そのものが複雑であることもあるが，制度を責任をもって

コントロールする主体が極めてはっきりしない制度になってしまっている。検定によっては，未だに受験日程が定まらないものもある。個別に検定を見てみると受験生に配慮した制度というよりは，運営側の利益におけるリスクマネジメントが優先されているケースもうかがえる。検定を主宰する組織が，金銭面においてリスクを最小化する方向に動くことは理解できる。問題は，大学に進学を希望する受験生が要求されている試験において，企業の論理がまかり通っている点である。さらには，そのことを指摘し，是正する仕組みは用意されていないように思われる。

　本校の英語科教員は，今まで入試を意識しつつも生徒に身に付けさせるべき英語の力を考え，実践的コミュニケーションを意識した授業形態を研究したり，面談形式の試験を実施したりしてきた。それが現在は外部検定試験をどう生徒に不利益にならないようにクリアするかに頭を悩ませている状態である。しかし，生徒に必要な力を付けさせるための本校の英語教育のあるべき姿と入試制度への対応とを慎重にすり合わせながら対応していくよう心掛けている。

3．総合型選抜と学校推薦型選抜及びその定員拡大の動き

　まず，総合型選抜において，出願を9月からと示された点は歓迎したい。現行のAO入試では8月から始まり，様々な時期に出願期間があるが，出願の検討，出願の準備において，日程的に非常にタイトである。特に，本校の場合，3年時の仮評定を決める成績会議は7月20日頃であり，その後調査書の作成，点検が行われる。また夏は，教員が部活動や様々なイベントで動く時期でもあり，指導や出願準備が拙速にならざるを得ない。9月であれば，夏季休業期間を見通しながら，出願に向けた準備ができる。

　また，募集定員が拡大していることについては，本校では，それぞれの入試の趣旨を十分に理解したうえで，生徒の良さが生きる入試を選択させたいと考えている。そのため，3年4月時点で，どの入試を活用するかも含め，自分の志望理由を自分の言葉で語ることができ，その実現のために必要な方法を選択する力を身に付けさせたいと考えている。近年の傾向として，本校生は推薦・AO入試の出願者が増えている。指導の手順として，生徒・保護者に本校の指導方針や，推薦・AO入試を受けるうえで考えておくべきこと

を伝え，決して安易に出願しないことを伝えている。特に，「一般では難しそうだから」とか，「早く決めたいから」という後ろ向きな理由での出願は避けるよう，説明も指導もしている。しかし，それでも出願を希望する生徒は増えているし，その中には，こちらが危惧した通りの結果になる生徒もいる。それを通して生徒が成長する面もあるが，指導方針が十分に生徒に伝わっているとは言い難い状況である。

　説明を繰り返すだけでは，生徒には真意は伝わらない。やはり，1，2年時からの指導の積み上げ，選ぶ力を付ける指導が必要だと感じている。そのために，1年時，2年時の年度末に，1年間の学びの総括と，進学に向けた整理をさせるために志望理由書を書かせている。1年生は1,000字，2年生は2,000字と，一定の分量を課している。それは，大学を志望する理由を，過去と現在をつなげ，未来への見通しを持って書かせたいからである。また，特定の大学について，そのくらいの分量を書くことが出来なければ，推薦・AO入試を出願するに足るだけのものがないと考えたためである。もちろん志望校が一つに決まっていることやそれに向けて一直線に向かうことが全てではないし，その是非の判断は難しい。しかし，一度真剣に考える機会を全員に設けること，推薦やAO入試を受けるにあったっては，その時点で語るものがなければ入試の趣旨に沿わないことを感じる機会を作ることは必要である。令和3年度（2021年度）入試からは，一般入試においても大学によって共通テスト，英語外部検定試験，調査書などの扱いが多様になる。さらに総合型選抜，学校推薦型選抜が加わる。入試の複雑化，多様化は現行の入試より確実に進む。そのことを考えれば，早期に真剣に考える機会を設けることは，必須であると考えている。

4．主体性評価

　本校では，主体性評価とセットであった「e-Portfolio」について，入試で使うかどうかとは切り離して考えている。主体性をどう評価するかは非常に難しく，あくまで形成的評価により育成すべき資質として考えている。本校で工夫している点は大きく2点である。1点目は，生徒自身が学びを振り返ることは大切だが，それらをつなぐことも重要視している点である。そこで，生徒にとって大きな選択である大学進学の志望理由としてストーリーを書か

せることを必ず入れている。詳細は前項で触れたとおりである。2点目は,生徒が書いたものを指導に使うという点である。本校では,探究の時間を中心に,学年,教科を越えて全職員体制で指導する体制をとっている。そこで,生徒が書いたものを用いて指導するように,担当の先生方に生徒の書いたものを渡している。また,年間で2回,9月と3月に行っている生徒未来創造会議（詳細は後述）において,様々なデータとともに生徒の書いた志望理由書も使い,検討している。特に2点目を大切にしていて,生徒が書いたものを指導に用いることで,生徒の書く力も磨かれ,考えるようになる。その中で,自分にとって必要なことを考え,行動できるようになっていくことが主体性評価の本質であると考えている。

◆◇◆

第4節 実践の具体

1. 本校の探究的な学び

1.1 「FS」（1年時）

　対象は全生徒である。「総合的な探究の時間」2単位分をSSHのカリキュラムの特例措置で読み替えて実施している。12コースが設計され,前期と後期に分け,それぞれ4回ずつ2コース体験できる「コース別講義・研修」が6月〜1月まで月に1回,午後時間を半日まとめ取りで実施している。生徒は,自分の興味関心に基づき,コースを希望するが,視野を広げるねらいもあるため,前期,後期と2コース体験できるように設計している。各コースが,それぞれのコンセプトに基づき,様々な体験,実験,ワークショップ,講義などに取り組んでおり,その学びの内容は,探究ノートに記録し,振り返りをしている。また,5月に「FS表現①」という時間があり,コースに分かれる前に,適切にメモをとったり,それらを文章にまとめたりする技能を学んでいる。「コース別講義・研修」同様,午後の半日の時間を取っており,ある教材（例年10分程度の大学紹介の映像）を視聴し,必要な事実をメモしたり,流れをとらえわかりやすく説明したりする演習を行っている。演習→講義・添削→演習で構成され,代表生徒の文章を公開添削する時間なども取り入れながら実施している。近年は公開添削の希望者を募ると,多くの

生徒が手を挙げるようになり，200名の生徒を大教室で指導している授業にしては，積極的に参加する姿勢がみられる。すべての「コース別講義・研修」が終わる1月には「FS表現②」という時間があり，ここでは，「コース別講義・研修」で学んだ内容をポスターにまとめ，ポスターセッションをするための基本的な技能を学ぶ。「FS表現①」同様，演習→講義・添削→演習の授業展開になっており，生徒は実際にポスターを作り発表を経験しながら，ポイントを学んでいる。その他に，東北大学のオープンキャンパスや，1泊2日で行う東京研修も，本授業に位置付けて実施しており，様々な場面で学問や社会に触れる経験を設定している。オープンキャンパスでは，コース毎に事前学習や課題を課すことで，ただ見に行くのではなく，必要な情報を自分で取りにいくような仕掛けも試みている。

1.2 「SSR」（2年時）

　対象は全生徒である。ただし，探究科は2単位，普通科は1単位で実施しており，毎週の時間割に配置して取り組んでいる。FS同様12のコースをまず選び，その中で具体的にテーマ設定をしている。多くはグループ研究になるが，テーマによっては個人研究もある。多くの生徒はテーマ設定でかなり苦労している。探究のテーマ設定において「Will（生徒の興味・関心)」と「need（必要性)」と「can（現実性)」の重なりが重要である。生徒ははじめ「Will（生徒の興味・関心)」が先行しがちで，進める過程において「need（必要性)」と「can（現実性)」の壁にぶつかることが多い。特に，探究をキャリア教育の柱にしている本校にとって，生徒自身が「need（必要性)」をしっかり考えられるかが非常に重要である。

　本校では，生徒に先輩のゴールを見せるために，11月の中間発表会，3月に最終発表会，翌年度5月に優秀な探究グループによる口頭発表会を設定している。毎年面白い研究，レベルの高い研究が見られるが，生徒にとって，その過程にあるテーマ設定の苦労や地道な努力などが後景に退き，賞や面白さに目が行きがちになってしまう。そこで教員の指導が必要であり，その指導は「問い」の形で生徒にいかに考えさせられるかである。現在，コース毎教員が指導にあたっているが，どこまで生徒に「need（必要性)」を考えさせ，「can（現実性)」をクリアさせられるか，まだまだ改善すべきであると

図3-3. 探究活動最終発表会（2019年3月）

考えている。通常の授業改善と同様，優れた実践を教員が共有し，実践に取り入れていく時間が必要だろう。

　生徒の姿に目を転じると，それぞれ一生懸命に取り組んでいる姿が見られる。「Will（生徒の興味・関心）」が出発点だからであろう。社会で起こっていることや課題を自分事として考えるには，興味・関心は欠かせない。そのうえで，必要な力を身に付けていくことに探究の本質がある。教員の指導に様々課題はあるかもしれないが，これからの社会をよりよく生き抜くために，生徒が自ら考え，判断し，行動する力を付けていくための時間であると考えている。

1.3 「探究講座」（2年時）

　対象は，2年探究科生徒80名である。そのうち理数探究科，国際探究科に分かれ，年間3回，7月，9月，12月に実施している。大きな理念としては，「持続可能な開発のための学び」である。社会の担い手として，地域や国や世界が持続可能な形で発展することを考えることができるリーダーになって

欲しいという理念がある。理数探究科では，SDGs を意識した科学実験講座，国際探究科では，地域の祭りに企画から関わり運営・振り返りを行っている。どちらも体験的に学ぶことを大切にしている。

２．　指導体制

　本校では，FS，SSR，３年時の進学指導に同じ指導体制をとっている。学問系統を意識して大まかに12系統に分類し，各コースでは FS のコース設計及び指導，SSR の指導，推薦・AO 入試の出願書類や面接，小論文などの指導，一般入試での小論文，面接の指導をしている。このような体制を取ることで，３年時に足りないと感じた力を１，２年時にどうやって育てるか，を考えられるようにしている。教員のグループ分けについては，教員の希望，教科，学年のバランス，引き継ぎなどの観点から，年度当初に決定し，各コースのリーダーは校内委員会組織構成員として委嘱を受ける。現在２年目で，教科や学年での接点ではないため，コミュニケーションの取りづらさが課題だが，新たな視点で生徒の指導にあたる体制として，継続・改善していきたい。

３．　２年普通科関西キャリア研修

　本校では，２年普通科生徒が３泊４日で関西キャリア研修を実施している。その中で２日目に自主研修の日を設けている。特徴は二つある。一つは，「SSR に関わることで，深く知りたいこと，直接見てみたいこと」をテーマに訪問先を生徒自身が設計すること。二つ目は，生徒が必要なアポイントメントを取ったり，手続きをしたりすることである。企業訪問や大学研究室訪問であれば，電話やメールによるアポイントメントを生徒が行う。教員による事前依頼はない。その分，なぜ行くのか，何を知るために行くのか，それが，今の自分の学びにどうつながるのか，を事前に深める時間がある。その際には，前節で紹介した志望理由書なども用いながら，SSR 指導の教員が面談形式で指導する。生徒は，行ってみたいところ，興味のあるところの検索から始めるが，教員の問いによって，より必要性があり，行ってみたい訪問先を作っていく。電話やメールの作法は事前に指導しているが，生徒自身が趣旨を十分に理解することで，自分の言葉で来意を伝えることができること

がねらいである。

４．教員のビジョン共有のために

　理念やカリキュラムが出来上がっていても，実際にその中で学ぶのは生徒であり，生徒の成長において重要なのは教師の存在である。生徒に対する関わり方（あえて関わらず見守ることも含め）を教員間で共有するためには，ビジョンの共有と個々の教員の動機づけが重要であると考えている。そのための工夫について紹介したい。

4.1　職員研修

　本校で年間設定している職員研修会は３回である。平成28年度（2016年度），平成29年度（2017年度）は主に評価に関すること，平成30年度（2018年度），平成31年度（2019年度）は学校の教育理念への理解を深め，具体的な取り組みを設計したり，振り返ったりすることに時間を割いた。指導に必要な背景的な知識を共有すること，手探りで指導している状況から，皆で考えながら実践を積み上げていく雰囲気を醸成することをねらって研修の時間を設けた。平成31年度（2019年度）は，前年度から17名の教職員が入れ替わった。探究の中核にいた先生も変わり，引き継ぎに不安を抱えているが，ある意味で，これからの教育を純粋に議論できる環境である。９月に行った第２回職員研修では，キャリア教育という視点で振り返ったときの探究的な学びがどうであるかについて，校内教員のみのワークショップを行った。各指導担当コースでのグループワークの時間とワールドカフェ方式で交流する時間を設け，最後に先生方に振り返りを書いてもらい，職員会議で共有した。主な記述として以下のものがある。

- ・他のコースの様子がわかるような場（今回の研修のような）があるとよい。
- ・目標が同じであれば，コース間での情報共有はもっとできるはず。
- ・生徒が，何ができるようになっていればいいか，どのような力を付けたいかを具体化すべき。
- ・研究の成功，成果物の美しさがゴールではない。研究自体が失敗しても学びはある。

このことから，教員間で教育理念を共有し，より良い形で実践まで落とし込もうとする雰囲気を感じているところである。

4.2　生徒未来創造会議

　生徒未来創造会議とは，各分掌，学年，教科で掲げた教育目標や重点目標が，生徒の成長につながっているかどうかを振り返る会議である。また，生徒個々を見るケーススタディの時間もあり，生徒の成長を教員一人一人が考える場にもなっている。資料には，「校内成績」，「模擬試験成績」，「自己効力測定尺度」，「生徒自身の言語情報」，「教員の言語情報」などを1枚に取り入れたものを作り，個々の生徒をいろいろな角度から分析できるようにしている。もちろん教員の肌感覚も大事にしている。全ての生徒を詳細に扱えるわけではないが，会議の場で話題に挙げることで，教員の形成的評価に向かう意識を共有していると言える。初めて2年目の会議であるが，生徒は成長しているか，成長させるためにはどうしたらよいかを考える時間としてより良い形を求めていきたい。

第5節　まとめ

　本稿を執筆している中，先述した第2回職員研修で，現在の指導の振り返りをするワークショップを行った。若手教員の振り返りの中で，「成長の仕方を学ばせる必要があるという視点に立つことが大切だと感じた」という言葉があった。こういうことが非常に大切だと思う。

　今まで紹介してきた指導の流れや指導体制，研修などは，全て生徒の学力を付けるという一つの方針で貫かれている。ここでいう「学力」とは，学ぶ力も含め広義での「学力」である。知識・技能も大切であるし，思考力も判断力も大切である。メタ認知も大切であるし，表現力も，粘り強く取り組む力も大切である。それらをいかに身に付けさせるか，または持っているものを引き出すか，その大きなねらいに向けて，カリキュラムはある。ねらいを達成するためには，手間暇をかけた工夫が必要である。そしてその工夫の背景には，教育理念，大学入試，社会の動きなどが絡み合っている。入試だけ

を切り取って対策を練っているわけではない。しかしながら生徒にとってキャリア選択のためにクリアしなければならないハードルに入試がある。入試も含め，生徒にどのように成長していってほしいのか，本校としての教育の理想を追究し続けるつもりである。本校もまだまだ理念が具体化できていない。教員にとって生徒がどうなるといいのか，その具体的な姿をイメージできることが何より重要である。これから，実践の積み上げの中で，生徒の成長の姿をとらえながら，よりよい現場を作り上げることを考えていきたい。

文　献

中央教育審議会（2014）．新しい時代にふさわしい高大接続の実現に向けた高等学校教育，大学教育，大学入学者選抜の一体的改革について——すべての若者が夢や目標を芽吹かせ，未来に花開かせるために——（答申）．文部科学省　Retrieved from https://www.mext.go.jp/b_menu/shingi/chukyo/chukyo0/toushin/__icsFiles/afield-file/2015/01/14/1354191.pdf（2020年4月23日）

鈴木　誠（2012）．「ボクにもできる」がやる気を引き出す——学ぶ意欲を捉え，伸ばすための処方箋——　東洋館出版社

第 **4** 章

地方公立高校における構え
——入試制度変更への対応と課題——

鹿児島県教育庁高校教育課指導主事　渡辺　豊隆

第 1 節　はじめに

　本稿では，筆者が平成31年（2019年）4月まで勤務していた鹿児島県立大島高等学校での取り組み事例を中心に述べる。「地方公立高校における構え」と題して，同校での当時の取り組み状況や不安感，これまでの成果等についてまとめる。なお，本稿には，筆者個人の感想，考えや思いなどが入っているが，現所属である県教育庁の方針ではなく，あくまで筆者個人の考えであることをご理解いただきたい。

第 2 節　鹿児島県立大島高等学校について

　鹿児島県は南北に非常に長い県土で，県内最北端の出水市から県内最南端の与論島までは南北600km離れている。青森から東京までとほぼ同じ距離である。県教職員は，この範囲で異動があり，概ね7年を標準年数として県本土，あるいは離島も含めて転勤する。県庁所在地の鹿児島市から，南西約380kmにある奄美大島へは，フェリーで11時間，飛行機では1時間かかる距離にある。この離島に県立高校が4校，特別支援学校が1校ある。

　鹿児島県立大島高等学校（以下，「本校」または「大島高校」と表記する）は奄美大島のほぼ中心に位置する普通科の進学校である。通称「大高（だいこう）」と呼ばれる本校は「和親」「協同」「自治」「奉仕」を校訓とし，平成31年（2019年）で創立118年を迎えた。奄美群島の中心校としての役割もあり，生徒・保護者・同窓会・地域の期待も大きい。周辺離島や遠距離通学の

表4-1. 大島高校の現状

本校の教育目標	本校生徒の実態
全人教育を推進し，国家社会の繁栄と国際社会の繁栄に資する有為な人材を育成する。	明朗活発であり，気持ちの良いあいさつができる。ほとんどの生徒が大学等への進学を目指している。
本校の目指す生徒像	**保護者・地域の期待**
自ら学び自ら考える力を有するとともに，郷土を愛し大切にする心を持った生徒。	郷土を愛し，豊かな人間性を育むとともに学力の向上を支援し進路実現を果たす支援をして欲しい。

目指す学校像：学校教育は生涯学習の基盤をなすとの視点に立ち，すべての生徒に感動と潤いのある充実した高校生活を保障する学校。
本年度の重点目標：キャリア教育を促進するため，教師相互の連携を図りつつ，発達課題に応じた学習指導や進路指導，体育・文化活動などを充実させ，活力と品位に満ちた生徒を育成する。
キャリア教育の全体目標：郷土愛や豊かな人間性を育むとともに，自ら学び自ら考え，表現する力を育てることを通して自他の相違や自己理解につなげ，生徒が勤労観・職業観を確立し，人生観・社会観を形成できるよう支援する。

生徒を対象とした学寮も敷地内に併設されている。全校生徒の7人に1人が学寮生である。

　平成30年度（2018年度）の学級数は，1年生7クラス，2年生6クラス，3年生7クラスの全20クラスである。7クラス280名の募集定員に対して，2年生は6クラスで7クラスには満たなかった。高校入試としては，受験圧力は高くなく，ほぼ全入という現状である。

　鹿児島県の進学校では，ほとんどの学校で朝課外を実施している。時間は7時25分から8時15分までである。また，夏，冬の長期休業中は課外を実施している。さらに，学期中の土曜日には，土曜授業ではなく，土曜講座（土ゼミ）を実施している。大島高校では，平成29年度（2017年度）は，1・2年生が年間6回，3年生は模試があるので年間3回実施した。

　大島高校は大学進学希望者も，就職希望者もいる学校である。キャリア計画等も適切に立てて，生徒の進路実現に向けて取り組んでいる学校である。

　卒業者の国公立大学進学者数は50名弱である。上級学校への進学を目指して頑張っている生徒が多い。平成30年度（2018年度）入試の結果では，東北大学にも1名合格した。進学先は九州内がほとんどであるが，国公立大学では，北海道教育大学から琉球大学，名桜大学まで，北海道から沖縄県まで全国にわたって進学している。私立大学にも多数合格している。就職について

は，警察官，防衛省関係，役場の公務員など，民間企業については，地元の
ガソリンスタンドや，美容室など，幅広い業種に就職している。平成31年度
（2019年度）入試では国公立42名，北は富山大学，信州大学，筑波大学，東
京工業大学から，南は名桜大学，琉球大学まで南北にわたっていた。私立大
学も関東，関西を中心として幅広く進学した。在校生の進路希望としては，
半分程度の生徒が国公立大学への進学を目指して入学してくるが，現状から
言うと，まだ改善の余地がある。

1．ST（Success Time）

　総合的な学習の時間については，ST（Success Time）と称してプレゼン
テーションも含めながら，探究的な活動を幅広く実施している。本校では
1・2年生に対して教職員が自分の教科に関するものや特技を生かした講座
を開設し，生徒が受講したい講座を選んで毎週講座を受けるというシステム
をとっている。このシステムにより，「主体的な学び」および「深い学び」
が期待される。このST を通して奄美大島の人々や伝統文化を大事にする態
度の育成を図っている。また，講座内には1・2年生が混在し，学年をま
たいでのグループ活動などが生まれ，部活動以外での先輩・後輩の関係もでき
てくる。ある講座では，数学の未習内容である「ベクトル」を1・2年生混
在のグループで協働学習し，その過程で2年生しか学習していないような内
容が出てきたときは2年生が1年生に教えるなどして，学びを深めることを
実践している。その他には，普段話を聞くことのできない大学の教授に来校
してもらい，生徒に講義してもらったり，質問に答えてもらったりする講座
もある。さらには，海外の大学生と交流をもつような機会を設定し，英語や
異文化についての理解を深めるような講座もある。

　年度末には各講座において，研究内容のレポートを作成し，1年間の総括
を発表し，プレゼンテーション能力も身につけられるように取り組んでいる。
まず，各講座内での発表会を実施する。次に，各講座の代表のなかで良いも
のを，全体発表会で発表させる機会を設けている。これらを通して，将来の
職業研究，大学・学部研究を通した進路意識の醸成，奄美大島の抱える問題
点に正面から取り組む態度の育成を図っている。講座の例としては，「ネリ
ヤカナヤ創造 PJ」「奄美大島の固有種と外来種」「H&H　ハブと人」「つな

図4-1. STプレゼンテーションの様子

がる数学」等がある（図4-1）。

2．NPS（New Perspective Seminar）

　NPSは大学の出張講義のことである。離島だが，毎年，各大学から大学の教授等に来ていただき，講座を生徒たちに聞かせるという取り組みを実施している。文理選択や学部学科研究の契機となり，格調高い大学の出前講義による進学意識の高揚を図るために，普段とは違う大学形式の講義（90分）を2講座受講し，新しい視点を獲得し，自分たちを取り巻く諸問題に果敢に挑む態度を育成している。

3．大高未来塾

　大高未来塾は卒業生の方々をパネリストとして招聘し，就職あるいは進学等の心構え等についてパネルディスカッション形式で話を聞く会である。生徒の進路意識高揚のために，「大高未来塾」と題し，生徒との質疑応答によるディスカッションを開催している。

◆◇◆
第3節　大島高校の対応

　大島高校の高校教育改革，高大接続改革への対応について述べる。

1．大高マナビゲーション委員会の立ち上げ

　組織的な改革を平成29年度（2017年度）に実施した。大島高校生の学びを

ナビゲーションすることを目的にした「大高マナビゲーション委員会」を独立した各種委員会として立ち上げた。主な役割は，①「主体的・対話的で深い学び」についての研究・実践，②アクティブ・ラーニング研究指定校としての研究推進，③相互授業参観など，既存のシステムの活用，の３つであり，講演会，職員研修，ICT の活用等を主導した。

２．ポートフォリオへの対応

学びの蓄積（振り返りの機会の充実）についても，紙媒体に記録を残したり，「JAPAN e-Portfolio」に入力したりすることを促進した。

平成30年（2018年）５月の段階で，西日本を中心として全国の90の大学等が入試に JAPAN e-Portfolio の活用を発表したので（JAPAN e-Portfolio 文部科学省大学入学者選抜改革推進委託事業（主体性等分野），2018，図４-２），危機感とスピード感をもって平成30年度（2018年度）は動いた。なぜならば，平成29年度（2017年度）入試の大島高校の受験生の多くがこれらの大学を受験した実績があったからである。参加を表明した90の大学等のうち，55大学

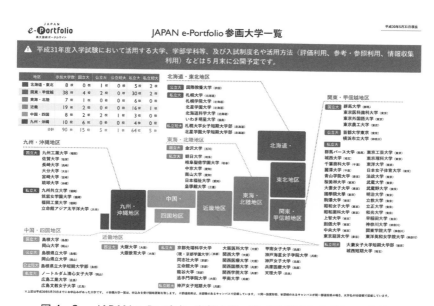

図４-２．JAPAN e-Portfolio 参加大学一覧（平成30年５月31日時点）
（JAPAN e-Portfolio 文部科学省大学入学者選抜改革推進委託事業（主体性等分野），2018より）

等を大島高校の3年生が受験していた。大島高校の現状の特徴として幅広い学力層があり，ちょうどその生徒たちが受験する層の大学が活用することを公表したので，スピード感と，危機感をもって対応した。

　活用方法は大学等によって，出願資格や加点，参考程度などそれぞれ異なっていたが，多くの生徒たちに JAPAN e-Portfolio への入力を促した。この JAPAN e-Portfolio については，大島高校の職員の中でも，「それは教育の機能の一つだね」という先生もいれば，「それは入試のシステムだね」という先生もいた。筆者としては両方をバランスよく理解してほしかったのであるが，いわゆるポートフォリオというと，JAPAN e-Portfolio と直結される先生もいるし，いわゆる「学びの蓄積」と認識される先生もいる。職員研修ではその両方とも，つまりきちんと蓄積するという教育の機能を確保しつつ，最終的には出願時にきちんと提出できるようにしてほしいとお願いした。

　このような，ICT の利活用を通して，離島の格差，離島のハンデと言わず，特性を生かして取り組んでいこうと考えている大島高校である。

◆◇◆
第4節　対応のきっかけ

　大島高校は地域の拠点校ということもあり，さまざまなことを求められる（図4-3）。地域の期待，あるいは保護者の期待等も大きい。生徒も日々一生懸命取り組んでいるところであるが，職員もいろいろな改革に対応しながら取り組んでいるところである。

　このような中で筆者が危機感をもったのは，平成27年（2015年）3月の雑誌の記事にふれたときであった。大学入学希望者学力評価テスト（仮称），高等学校基礎学力テスト（仮称）について，「最も負担が大きいのは，両方のテストを受けることになる中堅校の生徒たちではないか」（AERA, 2015, p.25）という，この記事が印象に残った。当時は基礎テストが高2，高3で2回ずつ，評価テストを高3で2回，合計6回のテスト受けることも想定されるとあった。この記事を読んだことをきっかけに，非常に危機感を持って

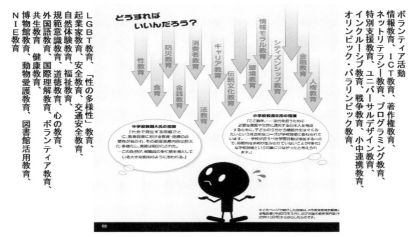

図4-3. 学校に寄せられている期待（国立教育政策研究所，2012）

情報収集したり，これらの得た情報をそのまま生徒に伝えるのではなく，きちんと教員の側で解釈，消化をした上で生徒に伝えたりした。

　当時の「高等学校基礎学力テスト（仮称）」は，「高校生のための学びの基礎診断」に，「大学入学希望者学力評価テスト（仮称）」は「大学入学共通テスト」になった。「高校生のための学びの基礎診断」については，認定ツールを使い，PDCAを適切に回すために，特にC（check）の機能を有効に活用し，生徒の学力の向上と教員の授業力向上に活用している。また，「大学入学共通テスト」については，試行問題（プレテスト）の問題を生徒に解かせたり，教員が問題分析をしたりして，授業改善に生かしている。これらの改革に適切に対応しようとしている中，平成31年（2019年）の正月，普通科高校の抜本改革という記事が新聞に出た。「政府・自民党は，高校普通科の抜本改革に乗り出す。画一的なカリキュラムを柔軟に見直し，専門性の高い学科とすることが柱だ。各校の独自色を高め，生徒が明確な目的を持って学べるようにする狙いがある。文部科学省令などを改正し，2021年度からの導入を目指す。教育改革は小・中学校と大学が先行し，高校は事実上，手つかずになっていた。「高校は『大学への通過点』の位置付けが強まっている」（文科省幹部）のが現状で，政府・自民党は進学者数の7割超を占める普通科を見直し，高校の魅力を高める必要があると判断した」（読売新聞，2019）。

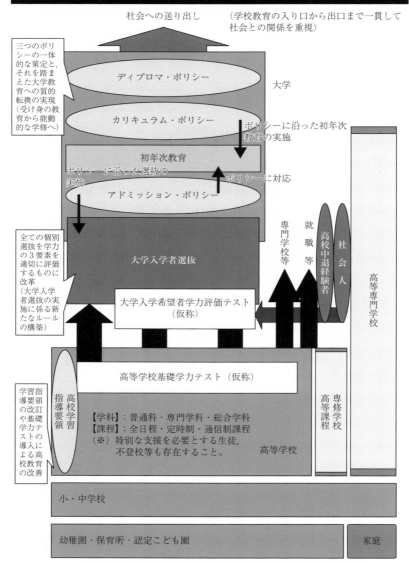

図4−4．初等中等教育から大学教育までの一貫した接続イメージ
（文部科学省，2015）

また５月14日，教育再生実行本部から，第12次提言「偏差値指導見直しへ」が出された。入試改革を含めて，三位一体の改革に対応しようとしている最中にもかかわらず，足元の普通科教育の根本が揺らごうとしている。このような制度改革のときに，しっかり見通しを持って，しかも振り回されないようにしていくことが，教員としては必要である。きっかけになった高大接続システム改革会議（第３回）配付資料（文部科学省，2015）にある図４-４を頭に入れながら，ここから現状までどうやって動いてきたかということを踏まえながら，方向性をきちんと見ていきたいと考える。

◆◇◆
第５節　大島高校の課題

１．　入試改革に対する構え

　入試改革に対する大島高校としての構え（図４-５）としては，まず，幅広く対応するということである。一般入試，推薦入試，AO入試は，それぞれ名前が，一般選抜，学校推薦型選抜，総合型選抜と変更されたが，これらの選抜方式で求められるものに幅広く対応するということである。

広さ
一般入試（一般選抜）
　　＋推薦入試（学校推薦型選抜）
　　　＋AO入試（総合型選抜）
「教科学力＋主体性＋学びに向かう力」

深さ
共通テストでの記述式導入
　　＋個別試験での思考力，表現力
　　　＋英語スピーキング能力
「知識・技能」，「思考力・判断力・表現力」，
　　　「主体性を持って多様な人々と協働して学ぶ態度」

早さ　進学指導，受験指導の早期化

図４-５．　大島高校の構え

次に奥深さである。大学入学共通テストでの記述式の導入や，思考力，判断力，表現力等，英語の4技能の評価に対して幅広く，奥深く対応することが地方の公立高校に求められている。

　入試問題は選抜のツールである一方，過去問演習に使われる教材の側面もある。しかし，一昨年から出ている大学入学共通テストの試行問題等については，過去問演習として使うという発想から脱却して思考方法とか考える力，発想力を含めて，きちっと対応する力をつける必要がある。

　それに加えて，進学指導，受験指導の早期化が余儀なくされる。平成31年（2019年）の2年生から例年であれば3学期に実施していたいろいろな検討会を，2年生の夏休みに実施する必要性が高まる。また，検討会のねらいも，これまでは苦手分野を克服するというのが主眼であったけれども，今後はできるだけ強みを伸ばすというのを主眼とする必要がある。そのためにも早期化して，2年生の前半を使って，生徒の強みを伸ばす指導が重要である。さらに大島高校としては，調査書の電子化，教育の情報化についても取り組みながら考えた。関係法令や情報セキュリティポリシーなどを遵守しながら，積極的に対応する必要がある。

2．大学入学共通テストに向けて

　図4-6（内田・橋本・鈴木，2014）は，国公立大学への進学を考えてセンター試験を受ける生徒，国公立大学と私立大学を併願する生徒，私立大学を専願している生徒，それとセンター試験を受験するが実際には進学に使わない生徒の人数の割合を示している。

　大島高校の場合もほぼこの割合に合致する。大島高校にも専門学校や，就職で進路先が既に決まっているが，センター試験を受けるという生徒が大体4分の1程度いる。もし，この区分の生徒たちが大学入学共通テストを受けないとなると，大島高校の進学指導体制の根本にかかわる非常に大きな問題である。これまでセンター試験を受験はするが，成績は利用しない生徒たちが大学入学共通テストに対応できるかどうかも含めて，現2年生が大学入学共通テストを受験するかどうかについても，大島高校としては大きな課題になるであろう。

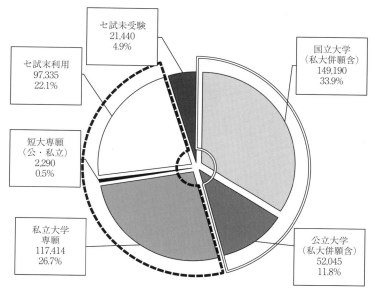

図4-6.　平成24年度センター試験での大学出願状況（新卒者）
（内田他，2014）

3.　募集単位の大括り化

　最近，入試募集単位の方針として「募集単位の大括り化」を打ち出してき
ている大学が増えてきている。これまで高校の進路指導としては，「志望大
学，学部，学科へのこだわりを持とう」「学部，学科のアドミッション・ポ
リシーをよく調べよう」と指導していたが，「大括り化」が進むと，専門課
程への進級時に自分の希望しない学科やコースに回される可能性があるので，
「幅広いレジリエンス力を持ってほしい」という指導に重点が置かれること
になり，進路指導の方針を十分検討する必要がある。スペシャリストを目指
すのか，ゼネラリストを目指すのか，これは振り幅の問題であるが，バラン
スの問題として，きちっと時々の状況に対応してほしいということも生徒に
伝えた。

　大学入試は選抜からマッチングへと言われるが，情報収集や，生徒・保護
者への適切な情報提供をしながら，きちん対応していきたい。

第6節 さらなる変化に備えて

　筆者は，「情報は必ず1次情報に当たること」を大切にしている。受験産業が作成する解説記事などは，読みやすいが，商品やサービスのPRも入っていることもあるので，振り回されないように，きちんと何々答申とか何々提言とかに当たりたいと考えている。

　もう一つは，大島高校，奄美大島という地理的な，現実的な現状もあるが，生徒や保護者の経済的負担をできるだけ減らすということも重要な要素である。出てきた情報を全て渡すのではなく，取捨選択，消化しながら提供した。方針は，「不安を煽らず，恐れず対応する」ということである。先生方にも進路指導通信などを配付しながら，時期に応じて適切に対応した。

　岩手県立大学が平成30年（2018年）11月26日に入学者選抜の変更について予告（図4-7）を出した。「地方において高校生に等しく認定試験を受験する機会が確保できるか，受験料や会場までの交通費など認定試験への経済的負担が多いことなど，不安を抱えたまま受験することを心配した」という部分は，大島高校にもよく当てはまる。

2021年度岩手県立大学入学者選抜の変更について（予告）

平成30年11月26日
岩手県立大学教育支援本部

高校生の皆さんへ（学長メッセージ）

　本学では、2021年度入学者選抜の一般選抜においては、大学入試センターが認定した英語の資格・検定試験（認定試験）を利用することを本年4月に公表しましたが、この**方針を変更**し、認定試験を利用しないこととしました。

　その理由は、**岩手県内を含め地方において、高校生に等しく認定試験を受検する機会が確保できるか、受検料や会場までの交通費など認定試験への経済的負担が多いことなど、不安を抱えたまま受検することを心配した**ためです。また、岩手の高等教育機関として地域の未来を担う人材育成を使命とする本学として、認定試験を受検しなかった場合でも、本学を受験することができるようにしたいと考えました。なお、2022年度以降の入学者選抜については、対応が変わる場合は事前にお知らせします。

　本学においては、入学者選抜では英語をこれまでどおり重視することとしており、入学後の教育においても英語は大学で学ぶ基礎をつくる大切な科目のひとつに位置付け、引き続き4技能のバランスのとれた英語力の育成を図っていきます。高校生の皆さんは、高校においてしっかりと英語の基礎学力を身に付けて、本学を志願してください。

岩手県立大学学長 鈴木厚人

図4-7．岩手県立大学の学長メッセージ（岩手県立大学，2018）

大学入学共通テスト実施方針（追加分）

平成30年８月10日
平成31年３月28日

大学入学共通テスト実施方針（平成29年７月文部科学省公表）では、「７．英語の４技能評価」において、民間の資格・検定試験を活用するとともに、資格・検定試験のうち、試験内容・実施体制等が入学者選抜に活用する上で必要な要件を満たしているものを大学入試センターが認定し、その試験結果及びＣＥＦＲの段階別成績表示を要請のあった大学に提供することとしており、具体的には大学入試センターにおいて、参加要件を満たしていることが確認された民間の資格・検定試験が参加する「大学入試英語成績提供システム」を新たに設ける予定である。同方針で明らかにされていなかった事項につき、次のとおり定める。
１　高校２年時に大学入試英語成績提供システム参加試験（以下「参加試験」という。）を受検し、文部科学省が公表しているＣＥＦＲ対照表のＢ２以上に該当する結果を有する者で、**次の①または②のいずれかの負担を軽減すべき理由があり、かつ、高校の学びに支障がないと学校長が認めた者は、高校３年の４月から12月の２回に代えて、その結果を活用することができる。**
＜負担を軽減すべき理由＞
① 非課税世帯であるなど経済的に困難な事情を証明できること
② **離島・へき地に居住または通学していること**

図４－８．大学入学共通テスト実施方針（追加分）
運用ガイドライン（文部科学省，2019）より作成

　また、平成31年（2019年）３月に出された離島・僻地に対応する措置（文部科学省，2019，図４－８）に大島高校は入っているので、こういうところも最新の情報を踏まえながら取り組んでいきたい。なお、英語の民間資格・検定活用については、本稿作成段階では、ID発行の手続きが開始されたが、全国高等学校長協会が活用延期を要望したり、受験料・検定料の減免についての申請の判断が難しかったり、受験日程や受験会場の情報が十分ではないなど流動的な状態である。目の前の生徒が不利益や混乱を被らないように、それぞれが当事者意識をもって対応していく。

　筆者は、「早く動いているものは自分が止まっていては見えないかもしれないけれども、自分も動けばきちんと見える」という言葉を肝に銘じて、最新の情報等を仕入れながら取り組んでいきたい。

文　献

AERA（2015）．突然の「思考力重視」に混乱する教師　AERA　３月16日，25.
岩手県立大学（2018）．2021年度岩手県立大学入学者選抜の変更について（予告）
JAPAN e-Portfolio 文部科学省大学入学者選抜改革推進委託事業（主体性等分野）
　　（2018）．JAPAN e-Portfolio 参加大学一覧（平成30年５月31日時点）JAPAN e-Portfolio Retrieved from https://jep.jp/（2018年６月20日）

文部科学省（2015）．高大接続システム改革会議第3回配付資料　文部科学省　Retrieved from https://www.mext.go.jp/b_menu/shingi/chousa/shougai/033/shiryo/__icsFiles/afieldfile/2015/06/22/1359126_02.pdf（2020年5月19日）

文部科学省（2019）．大学入学共通テスト実施方針（追加分）運用ガイドライン　平成31年3月28日　文部科学省高等教育局大学振興課大学入試室　Retrieved from https://www.mext.go.jp/content/000025290.pdf#search=%27%E5%B9%B3%E6%88%90（2020年5月19日）

国立教育政策研究所（2012）．キャリア教育をデザインする　国立教育政策研究所 Retrieved from https://www.nier.go.jp/shido/centerhp/design-career/all_ver.pdf（2020年1月13日）

内田　照久・橋本　貴充・鈴木　規夫（2014）．18歳人口減少期のセンター試験の出願状況の年次推移と地域特性――志願者の2層構造化と出願行動の地域特徴――日本テスト学会誌, *10*, 47-68.

読売新聞（2019）．高校普通科を抜本改革　1月4日朝刊，1.

第5章

高等学校の現状と，今，大学に求めること

東京都立八王子東高等学校　校長　宮本　久也

第1節　はじめに

　筆者が高大接続改革に直接かかわったのは，平成27年（2015年）3月に設置された高大接続システム改革会議の委員に任命されたところからである。それまでは全国高等学校長会（以下，全校長）の役員として，この改革の動きを外から見ていたが，これ以降平成30年（2018年）5月まで，文部科学省（以下，文科省）や大学入試センターが設置した高大接続改革に関する様々な委員会のメンバーとしてこの改革に関わってきた。

　現在の大学入試センター試験に代わる大学入学共通テストの実施が近づきつつある中で，高等学校の現状と，大学に求めることを以下に述べる。

第2節　大学入試改革に対する高校側の意識とその背景

　平成30年（2018年）春に新しい学習指導要領が公示され，改訂の趣旨やねらいについて都道府県教育委員会主催の説明会が開かれるなど，本校を含め多くの高校では現在進められている教育改革についての情報が校内で共有されてきている。その流れの中で大学入試改革の意義や方向性に関する情報も共有されており，大学入試改革に対する理解は進んでいると思われる。

　しかしながら，具体的な準備は進んでいるかというと，必ずしもそうとは言えない。正確にはなかなか準備が進められないというのが正直なところである。新しい制度で大学受験をする生徒が既に高校2年生（本節の執筆当時）になってきているのに，まだ色々なことがわからない状況の中で，不安

と焦りがますます高まっているのが現状である。その原因として以下の三点が考えられる。

　一点目は，具体的な情報が未だ明らかになっていないことである。入試改革の目玉である大学入学共通テスト，英語民間資格・検定試験の活用，各大学の個別入試改革の内容，調査書の改善などについて，未だに詳細な発表がなされていない。これまで大学入試に関する大きな変更については受験生の混乱を避けるため実施の2年前までに公表することになっていた。今回の変更は大学入試制度の根幹に関わるような大きな変更であるにもかかわらず，多くの大学で未だ十分な方向性が示されていないことは極めて重要な問題である。

　二点目は，入試改革実施に当たって当初から懸念されていたこと，不安に思ってきたことの多くが，この段階になっても解消されていないことである。共通テストにおける記述式の導入，英語の4技能を評価するための民間資格・検定試験の活用については，検討の段階から様々な課題が指摘されてきた。実施に向けては課題の解決が不可欠であるが依然として課題は解決されず新たな課題も出ている状況である。

　三点目は，高等学校への情報伝達が適切になされていないことである。高等学校教育は後期中等教育にあたり，文科省では初等中等教育局が担当部署である。一方，大学教育は高等教育にあたるので文科省では高等教育局が担当部署となる。高大接続改革は双方に関係するので文科省では，高等教育局と初等中等教育局が共管して担当することになっている。ところが高大接続システム改革会議が終了すると，「高校生のための学びの基礎診断」に関する事務は初等中等教育局が，「大学入学共通テスト」や大学入学者選抜の改善に関する事務は高等教育局がとそれぞれが単独に事務を進めることとなった。それでも当初は担当者が相互に連携しながら業務を進めていたが，人事異動で担当者が変わると連携することがほとんどなくなったように感じた。特に公立高校を所管する都道府県教育委員会は初等中等教育局と密接な関係を結んでいるが，高等教育局とのパイプはほとんどない。したがって都道府県教育委員会には大学入試改革に関する情報があまり入らず，管下の公立高校にも情報は流れないのが現状である。このことは，文科省にも都道府県教育委員会を通しての公立高校の情報が入りにくくなっていることにつながっ

ており，大学入試改革がスムーズに進んでいない大きな要因になっていると思われる。

◆◇◆
第3節　大学入学共通テスト

　平成29年（2017年）11月，平成30年（2018年）10月と試行調査が2回実施（英語は平成30年［2018年］2月に1回目を実施）された。1回目と2回目で出題内容がかなり変わってきたが，共通テストが目指す方向性がある程度明らかになってきた。筆者も，教育委員会事務局で長年都立高校の入学者選抜に関する作問や運営の業務に関わってきた。その経験からみるとこれからの時代に求められる能力を見ようと大変な努力がなされている様子がよくうかがえる。特に1回目の試行調査の問題は，これまでの大学入試センター試験のイメージとは大きく異なる，ある意味で挑戦的な内容で，これからの高等学校教育に対するメッセージがたくさん入っていて個人的には大変評価しているし，教育関係者からも肯定的な評価が多かった。

　しかしながら，そのことと50万人以上が受ける大学入試に使う試験として適切なのかということとは別の問題である。出題する問題量，指示文の出し方，資料提示のあり方など，1回目に比べて，2回目はかなり工夫がされたものの，なお一層の改善が必要である。

　難易度については，2回目の試行調査でも実施19科目中4科目（「数学Ⅰ・数学A」「数学Ⅱ・数学B」「物理」「生物」「地学」）で平均正答率が50%を下回り，うち3科目では30%台であった。本番の共通テストまでに難易度の調整がしっかり図れるかこちらも大きな課題が残っている。

　共通テストから新たに導入される記述式問題については，2回目の試行調査でも数学については，3問とも正答率が極端に低く（5.8%，10.9%，3.4%），国語については正答率がほぼ設定通り（75.7%，48.5%，15.1%）であったが，採点結果と自己採点の一致率が7割程度と第1回とほとんど変わらなかった。現在各高校では，大学入試センター試験終了後，受検者が自己採点を行いその結果をもとに出願指導を行っており，共通テストに変わってもこれまでと同様の形で出願指導が行えるのか高等学校での不安が高まって

いる。

　令和元年（2019年）6月7日に大学入試センターは『令和3年度大学入学者選抜に係る大学入学共通テスト問題作成方針』（大学入試センター，2019）を公表した。これによると数学の記述式問題については，「マーク式問題と混在させた形で数式等を記述する小問3問を作成する」とされており，平成29年（2017年）7月13日に文科省から公表された『大学入学共通テスト実施方針』（文部科学省，2017）で示された「図表やグラフ・文章などを用いて考えたことを数式などで表したり，問題解決の方略などを正しく書き表したりする力などを評価する」に比べて後退した印象は否めない。背景としては，難易度や採点のブレなどが考えられるが，2回の試行調査を通して改めて記述式問題の出題，採点の難しさが浮き彫りになった。

　記述式問題については，業務を民間事業者に委託する方向で準備が進められている。民間事業者への委託で採点者の質や機密保持，採点ミスの根絶等採点精度の向上等，記述式問題の採点上の諸問題について十分な対策が取られるのかどうかについても，不安の声が大きい。

◆◇◆
第4節　英語民間資格・検定試験の活用

　大学入学共通テストの枠組みのなかで新たに設置された大学入試英語成績提供システムを活用する英語の民間資格・検定試験の実施は，今回の改革の大きな目玉である。高等学校側からは当初からの課題として，①学習指導要領との整合性，②異なる資格・検定試験をCEFRの基準で見ることの妥当性，③地域格差，経済格差，④公平性・公正性の確保，の4点をあげ，文科省に明確な回答と課題の解決を求めてきた。

　①②の懸念については，平成30年（2018年）3月27日に開かれた第12回「大学入学希望者学力評価テスト（仮称）検討・準備グループ」において，文科省から，「現行の高等学習指導要領『英語』は，『聞く』『読む』『話す』『書く』の4技能を総合的に育成することを目的としている。そして様々な場面を想定した言語活動を行うことになっている。民間資格・検定試験も様々な場面を想定した4技能を測ることを目的としているので，学習指導要

領との整合性は取れている。また，各資格・検定試験実施団体から提出された資料や実際の試験問題を有識者や文科省職員が確認し，学習指導要領と整合性があることを確認した，CEFRと各資格・検定試験との対照についても確認した」という見解が示された。

もともと違う目的で作成された7種類の資格・検定試験をCEFRの基準を用いて大学入試に活用することについては，英語教育の専門家からも強い疑義が出ている。また，一般的に高等学校の英語教育で指導される内容はCEFRにおけるA1～B1レベルである（このことは文科省も認めている）が，資格・検定試験によってはそれ以上の英語力を見るものもある。文科省は「学習指導要領は最低基準であるので，それ以上の内容の出題があっても問題はない」という見解を示しているが，高校側としては納得できる見解とは言えない。さらに丁寧な説明が必要であると考える。

③④については，民間の資格・検定試験の活用が検討された当初からの課題であるが依然として解決されていない。その最大の原因は，文科省や大学入試センターが責任を持って主体的に課題解決に取り組もうとはせず，資格・検定試験を実施する民間事業者に対応を任せているからである。

大学入学共通テストについての高校側が抱く疑念や課題については，審議会等公的な会議や担当者との話し合いの場で指摘をすると，大学入試センターが責任ある説明や何らかの対応を取ってくれる。例えば，記述式の自己採点に際してはプレテストの際，高校向けに自己採点の方法についての動画を作成し各高校に配布してくれた。それ以外にも様々な対応を取ってくれている。しかし，英語の資格・検定試験に関しては，文科省は平成30年（2018年）8月28日に，『大学入学共通テストの枠組みで実施する民間の英語資格・検定試験について』という文章において，「資格・検定試験の活用に当たっての責任主体は実施団体にある」という見解を出し，高校側から様々な声を文科省や大学入試センターに伝えても「事業者に伝える」ということで，対応は事業者任せになっている状態が続いている。

◆◇◆
第5節　各大学の個別選抜

　平成31年（2019年）7月末に文科省がまとめた結果によると，大学の約3割が大学入試英語成績提供システムによる英語の民間資格・検定試験の活用についての対応が未定である。また，共通テストの国語，数学の記述式問題個別の活用方法についても多くの大学が公表していない。各大学の個別選抜についても具体的な方法を公表している大学は少数である。英語の民間資格・検定試験の活用をはじめ，この時期になっても不確定な部分が多いという状況が理由になっていると推察される。しかし，通常，大学入試に関する制度変更は実施の2年前までに公表するというルールがある中で，このような状況にあることは大きな問題である。ましてや，今回の入試改革は極めて大規模なものであり，本来であれば2年以上前に公表すべきものであると考えられる。高校としては，生徒の指導に大きな支障が出ているので，早期の公表を強く望んでいる。

◆◇◆
第6節　調査書等の改善

　調査書等の改善については，e-Portfolio を含めかなり進んでいる学校もある一方で，全く進んでいない学校もあるなど状況は様々である。調査書の電子化についても同様である。

　その理由の一つは，ICT 環境整備の状況が学校によって，あるいは都道府県によって大きく異なっているという実態があるからである。調査書の電子化や成績処理システムについても，県全体で統一したプラットフォームで実施する方向で進めているところもあれば，もう既に学校独自でシステムを構築していて統一したものにするための調整が難しいところもあるなど，全体的にどうしていくのか方向性がはっきりしていないところが大多数である。公立学校では，設置者である都道府県教育委員会が調査書等の書式を定めており，その方針が出なければ動けないという状況が未だに続いている。

第7節　混乱の背景

　今回の大学入試改革は，入試制度全般に及ぶ極めて大規模なものである。大学入試は受検者となる高校生の一生を左右する重大な事柄であるので，受検者を指導する高校側にとっては改革の方向性や制度に対する理解を十分にした上で，指導内容や方法を改善していく必要がある。また，改革の円滑な実施に当たっては文科省が大学，高校の状況や課題を的確に把握し，相互理解を十分図りながら慎重に具体策を検討した上で実施に移していくことが求められる。

　しかしながら，高大接続改革は平成26年（2014年）12月22日に中央教育審議会高大接続特別部会の更新が出された直後の，平成27年（2015年）1月16日に当時の下村博文文部科学大臣によって「高大接続実行改革プラン」が決定され，令和2年度（2020年度）から新たな枠組みによる大学入試をスタートすることを前提に準備を進めることとなった。

　今回の大学入試改革の目玉である記述式問題，英語4技能評価，調査書の電子化のいずれをとっても初めてのことであり，本来は十分な検討や試行を行った上で実施すべきものであるが，いずれも課題が残ったままである。特に英語については，実施期日や会場が実施開始まで半年に迫った9月末になっても公表されておらず，また試験の運用についてもぶっつけ本番となる公算が高く，高校側の不安が依然として解消されない状況が続いている。

　もう一つの混乱の背景として，記述式問題の採点，英語4技能評価という改革の目玉事業を民間委託で行うことである。入試という高い公平性・公正性が求められる業務を民間事業者に任せてよいのかという不安は，具体的な姿が見えるにつれてますます高くなってきているが，制度設計をした文科省や大学入試センターは必ずしも不安解消に向けてリーダーシップを発揮しているとは言えない状況が続いている。

第8節 フォーラム後の動き

　本章の第2節〜第7節の内容を平成31年（2019年）5月の第30回東北大学高等教育フォーラムで現状報告をさせていただいたが，その後，大学入学共通テストにおける英語の民間資格・検定試験の活用と記述式問題の導入については大きな変化があった。

　大学入学共通テストにおける英語民間資格・検定試験の活用については，令和元年（2019年）7月25日，全校長は文部科学大臣に対し，生徒が希望する時期や場所で英語民間資格・検定試験を受けられる見通しが依然として立っていないなど，6点の事項を上げ，責任を持って一刻も早く事態の収拾にあたるよう要望書を提出した。しかし，その後も文科省は，実施団体の情報等をまとめて閲覧できる「大学入試英語ポータルサイト」の開設等は行ったものの，「システムの参加要件に含まれていないことは指導できない」ことを理由に実施団体への直接の働きかけを行わないなど，事態の収拾は一向に図られなかった。また，実施団体も令和2年度（2020年度）に実施する資格・検定試験の期日や会場等の具体的な情報を8月末になっても公表できなかった。

　全校長は，大学入試対策委員会が7月に実施したアンケート結果や臨時都道府県協会長会議での議論をもとに，①公正・公平の確保が依然として担保されていない，②地域格差，経済格差をはじめとする諸課題が今後短期間のうちに解決する見込みは立っていない，③各資格・検定試験実施団体が，令和2年（2020年）4月からの実施ありきで準備を進めており，その結果新たな不安や負担が生じている，④今の状態でシステムの運用が開始されれば申し込みの段階から混乱が生じるのは必至である，⑤現高校3年生に対する十分な配慮がなされないままでは今後の指導に大きな支障が出る，⑥教育施策の実施に際して，格差を助長することはあってはならない，ことを確認し，9月10日文部科学大臣に対し「2020年4月からの大学入試英語成績提供システムを活用した英語4技能検定の延期及び制度の見直しを求める要望書」を提出した。

　これに対して文科省は，「延期や中止をするとかえって混乱するので予定

通り実施する方向は変えず，課題を解決しながら準備を進める」として，方針変更はせず，内閣改造で交代した萩生田文部科学大臣の指示でようやく実施団体に対し直接課題解決の働きかけを始めたが，思うように進まなかった。全校長の要望書提出を契機にこの問題は，マスコミからも文科省に対し事態の早期解決を求める論調が多く出され，また研究者を中心に反対の動きが出るなど社会問題に発展し，国会でも取り上げられるようになった。

全校長は，この問題の現状と課題を明らかにすべく，10月21日に文科省，大学入試センター，民間事業者を集めた緊急シンポジウムを開いた。最も多くの受験者を想定していたGTECを実施するベネッセコーポレーションが「現時点でこたえられる内容はない」という理由で欠席する中で実施されたシンポジウムでは，各実施団体の努力は伝わるものの制度の不備や準備の遅れが一層明らかになった。

その後も文科省と民間事業者は課題解決の努力を進めたが解決に至らず，大学入試センターの英語成績提供システム申し込み直前の11月1日に萩生田文部科学大臣は「受験生に安心してお勧めできるシステムになっていない」として英語成績提供システムを活用する英語の民間資格・検定試験の活用延期を発表した。

大学入学共通テストにおける国語と数学の記述式問題の導入についても，9月に入って採点を委託した民間事業者が採点業務を学生アルバイトにも行わせるといった報道がされたのをはじめ，採点の公正性や採点ミスが生じる懸念，受験生による自己採点の精度は低くなるなど様々な課題が専門家をはじめ様々なところから指摘された。英語の民間資格・検定試験の活用と同様に国会でも大きく取り上げられた。文科省，大学入試センターは課題解決に動いたがこちらも解決に至らず，12月17日に文部科学大臣は「受験生の不安を払拭し，安心して受験できる体制を早急に整えることは困難だと判断した」として，記述式問題導入を見送ると発表した。

文科省は，令和元年（2019年）12月27日に「大学入試のあり方に関する検討会議」を設置し，英語4技能評価のあり方や記述式出題のあり方等，今回問題になった諸課題についての検討を開始した。初めての大学入学共通テスト実施まであと1年余りとなった時期になって，英語民間資格・検定試験の導入と記述式問題の導入という大学入試改革の二つの目玉施策が消えること

となった。もう一つの調査書等の改善についても未だに具体的な方向性は示されておらず，大学入試改革そのものの意義が問われる事態が依然として続いている。

◆◇◆

第9節　大学に求めること

　第一は，入試改革の各施策の準備状況や高校の実態を十分把握した上で，各大学の方針を立ててほしいということである。例えば，英語の民間資格・検定試験の活用について，国立大学協会は平成30年（2018年）3月30日に活用に関するガイドラインを公表したが，これは，民間の資格・検定試験が適正に実施されることを前提に検討されたものである。前述したようにそれから1年半が経過しても様々な課題が解決されておらず，資格・検定試験の適正な実施自体が危ぶまれる状況にある。

　大学によっては，学内に検討する組織を設置し，高校の状況をしっかりとリサーチした上で方針を出したところや，事態の推移を見た上で当初の方針を変更したところもある。その一方で，こうした形での検討を行わず国大協のガイドラインをもとに方針を出したところもあるのではないかと思われる。

　地方の国立大学を中心に，地域の高校関係者と定期的に情報交換の場を設けているところも多い。そうした機会を活用して，高校の実態をしっかり把握し，大学と高校が様々な情報を交換して相互理解を図りながら各大学にふさわしい選抜方法を考えてほしい。また，そういう機会が設けられていない大学もこの機会にぜひ設置していただきたい。高大接続改革は，高等学校教育，大学教育，大学入学者選抜の三つを一体に改革することを目的としている。これからの時代に求められる資質・能力を育てるために，主体的，対話的で深い学び（アクティブ・ラーニング）を目指した授業改善や探究的な学習などが多くの高校で行われるなど，現在高校の教育が大きく変わりつつある。そうした状況を大学にも見てもらいたいし，そういう努力をしている学校の生徒が報われるような形の選抜に是非していただきたい。そうでないとせっかく進みつつある高校教育改革が後退してしまう懸念がある。

　第二は，早期の情報提供である。英語民間資格・検定試験の活用や大学入

学共通テストの記述式問題の活用，個別入試の内容・方法などまだまだ分からないことが多すぎる。特に，新制度で受験することになる現高校2年生（本節の執筆当時）の生徒，保護者の不安は大変大きなものがある。なぜなら生徒達が高校に入学する前から自分たちの学年から新しい大学入試制度に変わることは分かっていながら，具体的な変更内容の多くは依然として明らかになっていないからである。筆者は，自校の生徒や保護者には学習指導要領が変わるわけではないのだから不安になる必要はない，日々の学習をしっかり行っていれば大丈夫だと機会あるごとに話しているが，なかなか不安を解消できない。これは現3年生（本節の執筆当時）も同じである。次の年度から入試が変わるので浪人はできないという意識が強くなっている。これも入試に関する具体的な情報がなかなか出てこないことが原因である。

　前述したように入試制度の大きな変更は2年前に公表することになっている。今回の制度変更は非常に大きなものであるし，現2年生だけでなく3年生にとっても大変大きな影響を受けるものである。したがって，できるだけ早い段階で具体的な情報を出して欲しい。筆者個人としては，これまで述べてきたように今回の入試改革の様々な事項が当初のスケジュール通りには進んでおらず，また課題も依然として大きいことから当面は小規模な変更にとどめ，大規模な変更は新学習指導要領で学習した生徒が大学受験をする令和7年度（2025年度）大学入試からにしていただきたいと思っている。

　最後は，この入試改革の円滑な実施に向けて，大学の方からも是非積極的な提言をお願いしたいということである。大学入試は，生徒を送り出す高校側と，その生徒を受け入れさらに能力を伸ばしていく大学側が相互理解の下に連携しながらより良い入試制度を作り上げていく責任があると考える。これまで述べてきたように今回の入試改革については様々な課題がある。特に令和2年（2020年）4月から実施が予定されている大学入試英語成績提供システムを活用する英語の民間資格・検定試験については，依然として公平性・公正性の確保や地域格差・経済格差の解消など入試制度の根幹にかかわる課題が解決しておらず，全国高等学校長協会は文部科学大臣に対し令和3年（2021年）4月からの活用の延期及び制度の見直しを申し入れた。大学側でもこのような高校側の懸念や地域の高校の実態を考慮した上で活用の見送り等の対応をとっていたところもあるが，国立大学協会をはじめ大学あるい

は大学側の組織として文科省に何らかの要請をするという動きは最後まで見られなかった。記述式問題導入についても同様であった。昭和54年（1979年）1月から開始された共通1次学力試験の実施時期の決定については，国立大学協会が高校側の状況を考慮して全国高等学校長協会と連携して対応したという歴史がある。英語4技能評価のあり方や記述出題のあり方など大学入試改革をめぐる様々な課題については，文科省が設置した検討会議などで今後の検討が進められている。今回の大学入試改革をより良いものにしていくためにも，是非大学側からも積極的な提言をお願いしたい。

文　献

大学入試センター（2019）．令和3年度大学入学者選抜に係る大学入学共通テスト問題作成方針　大学入試センター　Retrieved from https://www.dnc.ac.jp/albums/abm.php?f=abm00035971.pdf&n=R3%E5%85%B1%E9%80%9A%E3%83%86%E3%82%B9%E3%83%88%E5%95%8F%E9%A1%8C%E4%BD%9C%E6%88%90%E6%96%B9%E9%87%9D.pdf（2020年3月11日）

文部科学省（2017）．大学入学共通テスト実施方針　文部科学省　Retrieved from https://www.mext.go.jp/component/a_menu/education/micro_detail/__icsFiles/afieldfile/2017/10/24/1397731_001.pdf（2020年1月10日）．

全国高等学校長協会（2019）．2020年4月からの大学入試英語成績提供システムを活用した英語4技能検定の延期及び制度の見直しを求める要望書（2019年9月10日）全国高等学校長協会

第3部

高大接続改革の多角的検証

第 **6** 章

英語入試改革の挫折から対案の可能性を探る[1]

京都工芸繊維大学基盤科学系　教授　羽藤由美

第1節　はじめに

　令和3年度（2021年度）入試より，大学入試センター（以下，センター）試験に代わって大学入学共通テスト（以下，共通テスト）が実施される。出題科目は従来と変わらないが，英語についてのみ，共通テストの英語試験と併行して，6つの事業者が運営する7種類（同じ試験でもレベルの異なるものをカウントすると22種類）の民間試験が利用されることになっていた。しかし，令和元年（2019年）11月1日，萩生田光一文部科学大臣（以下，文科相）は，共通テストの枠内における英語民間試験の利用を延期し，制度を抜本的に見直すことを発表した。初回の共通テストは令和3年（2021年）1月に実施される予定だが，英語民間試験の受験は令和2年（2020年）4月から始まることになっていた。その5ヶ月前になって制度導入の延期が発表されたことにより，受験生は大きく動揺し，高校等の教育現場は深刻な混乱に陥った。また，制度開始に向けて準備を急いでいた民間試験の実施団体も大きな損失を被った。

　本章の第2節では，今回の挫折は新制度の構造的な欠陥による必然の結果であることを論証する。第3節では，第2節における考察をもとに，その欠陥を補うことのできる対案について考える。共通テストへの英語民間試験導入の目的は，従来センター試験で測ってきた読む力と聞く力に書く力と話す

1　本章の第2節は，『指導と評価』2019年11月号に「2020年度英語入試改革の構造的欠陥」というタイトルで掲載された論文に加筆修正したものである（羽藤，2019c）。また第3節の5項は，『現代思想』2020年4月号に「英語入試改革の挫折から迷走を抜け出す道を探る」というタイトルで掲載された論文に加筆修正したものである（羽藤，2020）。著者の執筆当時の所属・肩書は現在と同じ。

力を加えた「英語4技能」を評価することであった。特に話す力の重要性が強調され，新制度導入の唱導者たち（例えば，安河内，2018；吉田，2019）は，大学入試にスピーキングテストを導入すれば，高校の授業の改善が進み生徒の話す力が伸びると謳った。しかし，寺沢（2018），馬場（2019）らが指摘するように，国内外の先行研究や先行事例には，入試を変えることによって政策決定者が意図する波及効果が得られるという主張を裏づけるエビデンスは見当たらない。本章ではこれらを踏まえて，大学の入学者選抜を高校における指導と有機的に連動させて望ましい波及効果を得ることのできる対案の可能性を探る。

◆◇◆
第2節　新英語入試制度の構造的欠陥

　萩生田文科相は英語民間試験導入の延期を発表した会見において，その理由を以下のように説明した。

　　文部科学省としては，大学入試センターを通じてということもあり，民間試験団体との連携調整が十分でなく，各大学の活用内容，民間試験の詳細事項等の情報提供不足等準備の遅れにつながることとなりました。[中略]現時点において，経済的な状況や居住している地域に関わらず，等しく安心して試験を受けられるような配慮など，文部科学大臣として，自信をもって受験生の皆さんにお薦めできるシステムにはなっていないと判断せざるを得ません。これ以上決断の時期を遅らせることは混乱を一層大きくしかねないため，ここに，来年度からの導入を見送り，延期することを決断をいたしました（文部科学省，2019）。

　しかしながら，新制度に多方面にわたる深刻な問題があることは，英語民間試験の利用が決まった直後から，多くの研究者や教育者たちが繰り返し指摘していた（例えば，阿部，2017，2018；荒井，2018；江利川，2019a, b；藤原，2018；南風原，2017，2018a, b；羽藤，2018a, b, c, 2019a, b；宮本，2018；日本言語テスト学会，2017；野口，2017；鳥飼，2018；渡部，2018）。

シンポジウムや SNS などでも活発な議論が交わされ，2019年6月には共通テストにおける英語民間試験の利用中止を求める国会請願も行われた。失敗の原因はむしろ，改革を主導した政治家や文部科学省（以下，文科省）がこれらの声にまったく耳を傾けなかったことにある。そもそもこれは実現不可能な改革であり，制度の継続など望むべくもなかった。本節では，対案についての具体的な議論に先立って，改革の実現不可能性を裏づける新英語入試制度の構造的な欠陥を指摘する。

1. 「各資格・検定試験と CEFR との対照表」の構造的欠陥

　新英語入試制度には 2 つの構造的な欠陥がある。そのうちの 1 つは，異なる試験の成績を比べるという間違いに起因する。これは新制度を構築するにあたり，最初のボタンのかけ違いとも言える致命的な誤りであった。

　試験はそれぞれに測る能力が違うので，英語という同じ科目の試験であっても，異なる試験の成績を比べることはできない。100m 走とマラソンのタイムを比べて走力の優劣を決められないように，GTEC と英検[2]の成績を比べて英語力の優劣を決めることはできないのである。例えば，X さんはGTEC を受けて CEFR[3]の A1 レベル，Y さんは英検を受けてそれより高い A2 レベルのスコアを得たとして，両者が同じ試験を受けたら，成績が入れ替わる可能性は十分にある。本来なら，この一点だけで今回の英語入試改革はご破産にすべきであった。

　ところが，この致命的な誤りを隠して，欠陥制度をそれらしく見せるために作られたのが「各資格・検定試験と CEFR との対照表（以下，CEFR 対照表）」である（図 6-1 参照）。

2　どちらも共通テストの枠内で利用されることになっていた英語民間試験。GTEC は株式会社ベネッセコーポレーション，英検は公益財団法人日本英語検定協会が運営している。他に，同協会が運営する TEAP と TEAP CBT，英国のケンブリッジ大学英語検定機構が運営するケンブリッジ英語検定，ブリティシュ・カウンシルと IDP: IELTS Australia が運営する IELTS，米国のEducational Testing Service が運営する TOEFL iBT が利用されることになっていた。

3　Common European Framework of Reference for Languages: Learning, Teaching, Assessment（外国語の学習・教授・評価のためのヨーロッパ言語共通参照枠）の略称。対象言語や母語，居住する国・地域などの枠を越えて，第 2 言語能力のレベルを大まかに示す指標。欧州評議会が開発し継続的な改善を試みている。

文部科学省作成「各資格・検定試験とCEFRとの対照表（平成30年3月）」より令和元年8月作成

CEFR	ケンブリッジ英語検定	実用英語技能検定 英検CBT：準1級S-CBT：準1級3級 英検2020 1day S-CBT：準1級3級 英検2020 2days S-Interview：1級3級	GTEC Advanced Basic Core CBT	IELTS	TEAP	TEAP CBT	TOEFL iBT
C2	230 – 200 (230)(210)			9.0 – 8.5			
C1	199 – 180 (210)(190)	3299 – 2600 (3299)(2630)	1400 – 1350 (1400)	8.0 – 7.0	400 – 375	800	120 – 95
B2	179 – 160 (190)(170)	2599 – 2300 (2599)(2304)	1349 – 1190 (1280)	6.5 – 5.5	374 – 309	795 – 600	94 – 72
B1	159 – 140 (170)(150)	2299 – 1950 (2299)(1980)	1189 – 960 (1080)	5.0 – 4.0	308 – 225	595 – 420	71 – 42
A2	139 – 120 (150)(120)	1949 – 1700 (1949)(1728)	959 – 690 (840)		224 – 135	415 – 235	
A1	119 – 100 (140)(100)	1699 – 1400 (1699)(1456)(1400)	689 – 270 (270)				

CEFR算出範囲表示：C2 Proficiency、C1 Advanced、B2 First/for Schools、B1 Preliminary/for Schools、A2 Key/for Schools

英検 各級CEFR算出範囲：1級、準1級、2級、準2級、3級

GTEC CBT：Advanced、Basic、Core　各試験CEFR算出範囲

■は各級合格スコア

○表中の数値は各資格・検定試験の定める試験結果のスコアを指す。スコアの判定は各試験のスコアから構成されており、それぞれの試験がCEFRとの対照関係として測定できる能力として測定できる能力が定める範囲が定められている。

※括弧内の数値が記載がない欄は、各資格・検定試験の記載がない欄や、スコアの記載がない場合。当該範囲を上回った場合には当該範囲の上限・下限に位置付けられているCEFRの判定が行われる。

※各資格・検定試験におけるCEFRとの対象範囲は、各資格・検定試験においてCEFRとの対照欄に対応する能力を有していることを認定できないことを意味する。

※ケンブリッジ英語検定、実用英語技能検定及びGTECは複数の試験から構成されており、それぞれの試験がCEFRとの対照関係として測定できる能力の範囲の上限と下限を意味する。

※障害等のある受検生については、合理的配慮が必要な障害等のある受験者のみを対象としている。各資格・検定試験実施主体において公表予定。

※実用英語技能検定における「英検 2020 2days S-Interview」について、一部技能を免除する場合についての、各資格・検定試験主体において公表予定。

※TOEIC® Listening & Reading Test および TOEIC® Speaking & Writing Tests（一般財団法人国際ビジネスコミュニケーション協会）は 2019 年 7 月 2 日に参加申込みを取り下げたため、記載していない。

※実用英語技能検定における「英検 CBT」について、準 1 級も参加申込「英検 2019 年 8 月 23 日」。

099

図6-1. 大学入試英語成績提供システム参加予定の資格・検定試験とCEFRとの対照表
（文部科学省高等教育局大学振興課大学入試室, 2019）

この CEFR 対照表に科学的な根拠がないことは言うまでもない。CEFR の各レベルは，can-do（その言語を使う場面で具体的に何ができるか）に注目した能力記述文で表されており，恣意的な解釈を避けられない。CEFR 対照表は，各試験の実施団体が文科省に届け出た当該試験のスコアと CEFR の 6 レベルとの対応づけをつなぎ合わせただけのものである。文科省内でその対応づけの正当性を検証したとされる「英語の資格・検定試験と CEFR との対応関係に関する作業部会」は，審査される側の民間試験団体の代表者 5 名と当該民間試験の開発や対応づけに携わった研究者 3 名で構成されていた。第三者は一人も含まれておらず，羽藤（2018b）は早くから利益相反の疑いを指摘していた。

さらに，日本製の民間試験には共通テストとしての利用が決まり CEFR 対照表が公表された後に仕様を変更したものが多く，対応づけの前提条件である同一試験内の等化・標準化（同じ能力なら，どのレベルのどの回のテストを受けても同じ成績が返されるような統計処理）さえ十分にできているとは考えがたい。

また，良い成績を簡単にとれる試験に受験者が集中することが予想されるため，スコアのダンピング（テストの易化や対応づけの下方修正）が起こる可能性が高いことも指摘されていた（例えば，南風原，2019；羽藤，2018b, 2019a, b）。南風原（2019）と羽藤（2019a）は，ここ数年で既にその前兆があり，いくつかの試験が CEFR の同じレベルをより低いスコアでとれるように対応づけを変更したことを具体的に示した。いずれの変更についても，科学的な検証に堪えうる根拠は示されていない。

その他にも，より受験者の多いレベルをカバーするために，従来は測定範囲から外れていた低いレベルを急遽，測定範囲に含める試験まで出てきていた。文科省やセンターが試験実施団体と利害関係のない専門家による検証の制度を作っていないのだから，試験団体のやりたい放題が続くのは必然の結果である。

今後，受験生の数は確実に減少する。もし，共通テストへの英語民間試験導入が当初の予定通りに決行されていたら，試験実施団体は生き残りを賭けて，小さくなるパイの奪い合いをすることになっていた。その過程で，販売促進のための「小細工」はさらに激化したであろう。先進国の大学入試制度

としてはありえないことであり，受験生や保護者，教員らがいつまでもこの惨状に気づかずに黙っていたとは考えがたい。

羽藤（2018b）は，CEFR対照表の欠陥が受験生の間に引き起こす混乱を以下のように予想している。

> 対照表に基づいて新制度の入試が行われるなら，A1とA2の間で足切りをする大学を英検で受験する生徒は，たとえ準1級や2級の実力があっても，とりあえず準2級を受けることにするだろう。一方，加点法を採用した大学の入学希望者は，できるだけ高い級のテストを受けようとするだろう。両タイプの大学を受ける生徒もいる。その過程で，低い方の級を受けた生徒に，高い方の級を受けた生徒より高いスコアが出ることも当然ありうる。同一人物に同じことが起こる場合もある。特に，制度開始からの数年間は，スコアの出やすい試験や合格ラインに達しやすい試験を求めて，受験生が右往左往するのは必然である。そういう混乱の中で，受ける試験によって出るスコアやレベルが違うことを受験生は実感する。
>
> いまでさえSNS上には，同一の受検者から「あのテストではA2だったのに，このテストではA1だった」というような声が上がっている。「英検準一級合格とGTEC満点が同列なわけがない」といった不満も見受けられる。2020年度以降は，膨大な数の受検者から同様の不平，不満，抗議などがSNSやマスメディアで沸き起こる（羽藤，2018b，p.55）。

大学入試センターは平成30年（2018年）3月26日に，初回共通テストの枠内で使われる英語民間試験とそれらの試験の成績を比べるためのCEFR対照表を公表した。その際の記者会見において，文科省の担当者は「同じ生徒でも受ける試験によって段階別評価が変わることはありうる」と公言した[4]。このとき既に，新制度が成立しえないことは明らかであった。ことは一国の大学入学共通テストである。並行して行われる他科目の共通テストや各大学

4　日本経済新聞朝刊（2018.3.27）

の個別試験は，従来どおりの厳正さで行われる。「一点刻み」は当たり前で，出題や採点にミスがあれば，年度を遡って追加合格者を出し，経済的補償をする。受験生にとっては，共通テストであれ民間試験であれ，入試に変わりはない。この整合性のなさが国民にすんなり受容され，新制度が円滑に運営できると考えた政策決定者や制度設計者の責任は重い。

2．「大学入試英語成績提供システム」の構造的欠陥

　共通テストの枠内における英語民間試験の利用は，センターが運営する「大学入試英語成績提供システム（以下，成績提供システム）」を介して行われる予定であった。各受験生が受験年度（現役の場合は高3時）の4〜12月に受ける2回までの成績が試験団体からセンターに送られた後，センターで一元管理され，受験生が志願した大学に提供されることになっていた。前項で取り上げたCEFR対照表が複数の民間試験の成績を比べるための（欺瞞に満ちた）基軸とするなら，成績提供システムは複数の試験を利用する仕組みの（出来損ないの）中枢と言える。

　成績提供システムを利用する民間試験は，センターが策定した「参加要件」を満たす必要があった。しかし，この参加要件は試験団体の事情に寄り添うきわめて「緩い」ものであり（詳細は，羽藤，2018b），試験の運営は実質的には民間の事業者に丸投げされていた。センターに監視や監査の権限はなく，深刻な問題が発生しても，試験団体に改善を求めることができるだけであった。改善が滞れば，センターは当該試験団体の成績提供システム参加を取り消せることにはなっていた。しかし，参加要件そのものが官民の緊張関係のないところで作られた有名無実に近いものなので，参加の取り消しは法的には困難であった。本項では，この成績提供システムがそもそも持続不能なシステムであったことを論証する。

2.1.　民間試験導入延期の原因

　令和元年（2019年）11月1日に萩生田文科相が英語民間試験の導入延期を発表する直前の高校現場の混乱は，まさしく成績提供システムの欠陥が原因であった。改革初年度には6事業者が運営する7種類の民間試験が成績提供システムに参加することになっていた。しかし，制度導入の延期が決まるま

でに実施日と実施会場が確定していた民間試験はなかった。受験生の側から見ると，大学入試が始まる5ヶ月前になっても，自分がいつどこでどの試験を受けられるかはおろか，本当に受けられるかさえ，わからなかったのである。

　このような状況の中で，英検は他の試験に先立ち，9月18日に予約金を徴収して予約申込を開始し，2月の本申込は先着順で受け付けると発表した。英検も会場はまだ決まっていなかったが，他の民間試験を受験できる確証がないために，多くの受験生が英検の予約申込をせざるを得なかった。それにもかかわらず，最終的に受験しなくても予約金が払い戻されないことや，予約申込をしても本申込まで実際に受験できるかがわからないことに，受験生や教員，保護者らの非難が殺到した。

　9月10日に全国高等学校長協会は，英語民間試験の利用延期と制度の見直しを求める要望書を文部科学大臣に提出したが，その中でもこのことに言及し，「システムの枠組みの中で行う検定試験の在り方としては到底看過できるものではなく，先を見通せない混乱状況が続く中にあって，各学校は本格的に生徒に対して検定試験の受験に向けての指導を開始せざるを得ないという大変厳しい状況に追い込まれています」と強く抗議した（全国高等学校長協会，2019）。

　このように高校現場が混乱する最中の10月24日，萩生田文科相は BS テレビの番組で，英語民間試験は「自分の身の丈に合わせて」受験してほしいという趣旨の発言をし，これが教育格差の容認とみなされて批判を浴びた。また，同時期に2人の自民党議員が不祥事で閣僚を辞任しており，これらが官邸に急ぎの判断を促したと多くのマスメディアが報じた。しかしながら，これらはあくまでも判断のきっかけに過ぎず，民間試験導入延期の原因ではない。導入延期の直接的な原因は，制度開始の5ヶ月前になっても50万人を超す受験生が2回ずつ民間試験を受けられる目処が立たなかったことである。試験の運営が民間団体に丸投げされていたために，文科省には全受験生が確実に受けられるようにする策がなかった。萩生田文科相の失言等で延期の決定が早まったことは，土壇場になっての大混乱をかろうじて避けられたという意味で，受験生やこの国の入試制度にとってはむしろ幸運であったとも言える。

各試験団体は営利を目的とする事業者であり，同業者間の激しい競争に晒されている。受験者数が見通せない中で，コンピュータの設置等を含む会場の設営や人手の確保に無駄な投資をするわけにはいかない。経費を抑え，採算を取り，利益を上げようとするのは当然の経営判断である。しかし一方では，事業者としての利潤追求とテストの品質や公平性・公正性の向上との間には必然的なトレードオフがある。試験団体が前者を優先すると，大学入試としての運営に問題が生じたり，受験生に理不尽な負担がかかったりする。

　希望者全員が受験できる目処が立たなかったことに起因する今回の混乱はその典型的な例であり，このような局面でこそ文科省やセンターによる統制が必要であった。しかし，前述のように新制度では文科省にもセンターにもその権限がなかった。英検の問題についても，予約申込の直前になって文科省の担当者が試験団体の幹部を訪ね，要望事項を伝えて適切な対応を求めただけであった。受験生を苦しめている経済的，精神的負担や高校現場の混乱を重く受け止めるなら，英検だけでなく他の事業者にも試験の実施日や会場を直ちに決定することを命じるべき局面であった。しかし，国が正規に認められる以上の圧力をかければ民業圧迫につながり，試験団体の存続自体を脅かしかねない。これこそが成績提供システムが恒常的に抱えるジレンマであり，構造的な欠陥である。

2.2.　成績提供システムの欠陥が引き起こす諸問題

　万一，国が共通テストへの英語民間試験導入を強行していれば，文科省やセンターは試験運営のあらゆる面で，前目で述べたようなジレンマに立ち向かうことになっていた。ゆくゆくは経営的に追い詰められた試験団体が制度の欠陥につけ込んで暴走することも考えられた。しかし，文科省はそれを防ぐ有効な手立てを準備してはいなかった。それどころか，事業者に試験の運営を任せることを強調し，それによって文科省やセンターにかかる人的，財政的負担を極力抑えようとしていた。このような制度の欠陥のしわ寄せが表面に現れているうちはまだ良いが，隠蔽されれば，問題はさらに深刻になる。本目では，もし新制度の導入が延期になっていなければ，成績提供システムの欠陥のために起こったであろう諸問題の一部を挙げる。

（1）希望の試験を希望の日時・場所で受けられない受験生の続出

　　テストを売るのが試験団体の仕事であり，販売数や販売の日時・場所は費用対効果に基づいて決められる。賢明な事業者であれば，自らの受け入れ能力に応じた判断をするので，売り切れ御免（すなわち受験希望者の積み残し）は当然ありうる。一方で，堅実な判断を怠り無理をした事業者が試験運営上の深刻なトラブルを引き起こすことも懸念される。

（２）受験料にかかわる競争の激化

　　現在，民間試験の受験料は最低でも５千円台，高いものは２万５千円を超えることが問題視されている。国際的に運用されている試験については日本独自の価格設定は難しいが，日本製の試験については，価格のダンピング競争が激化し，テストの品質がさらに低下する恐れがある。一方では，業者間の談合による価格吊り上げの可能性も否定できない。低所得世帯の受験生を対象とする受験料の減免措置についても，実施・廃止の判断を各民間試験団体に委ねていては，制度の有効性や安定性が担保できない。

（３）地域格差の深刻化

　　今回の制度は幼いころから民間試験や受験対策講座などを手軽に受けられる都市部の富裕層に圧倒的に有利なものであり，地方の低所得層からの大学進学がいっそう難しくなることが懸念された。制度開始後に民間試験間の競争が激化し，特定の試験の寡占が進むようなことになれば，その他の試験の実施会場や受験サポート事業は都市部に集中する。その結果，同じ進学校であっても，地方の生徒は日本製の試験に向けて，都会の生徒は国際的に通用する試験に向けて勉強するというような格差が顕著になる。

（４）テストの品質や採点の質の低下

　　通常，民間試験業者はテストの開発運営にかかわるノウハウを外部に公表しない。したがって，受験者がテストを受けてからスコアが返されるまでの過程は，事業者だけが管理するブラックボックスである。中は見えないが，営利目的のテストである以上，その品質や採点の質などに関する判断においても費用対効果が優先される。例えば，テストの等化・標準化には時間と費用がかかる。採点についても，高資格の採点者，入念な訓練，重複採点など，質の高さは投じる費用に支えられる。現在，

日本製の民間試験の受験料は海外の試験の数分の一（例えば IELTS は25,380円，GTEC は6,700円）であり，ブラックボックスの中で同水準の仕事が行われているとは考えがたい。しかし，大学入試に用いるテストとして最低限の質の保証が担保されているかを確認する手立てはない。

(5) トラブルや不正の隠蔽

　　今回の制度では，作問や採点のミス，機器トラブル，スピーキングテストの回答音声の回収ミス，受験時の不正，問題漏えいなどが発生した際の対応も各試験団体の裁量に任されていた。公表すれば受験者の減少につながりかねないことを考えると，ミスやトラブル，不正が隠蔽される可能性は否定できない。

(6) 入試を作る事業者と受験対策を売る事業者が同一であるリスク

　　民間試験団体の中には，当該試験の受験対策のための問題集やセミナー，通信講座などを販売しているところがあり，試験の公正性維持が危ぶまれる。また，入試の作問と受験対策サポートを同一の事業者が行うことにより，マッチポンプ式のビジネス展開が可能になる。例えば，試験団体が受験対策事業における新たな需要を生み出すために入試の仕様（問題構成等）を変更したり，受験者の成績データを当該試験や自社商品の販売促進に利用したりすることが危惧される。

　その他にも，競合する複数の民間事業者に大学入試の運営を丸投げすることのリスクを数え上げればきりがない。例えば，障がいのある受験生への配慮，遠隔地や高校等の試験会場における受験環境や人の管理，第三者評価などにおいて，試験団体が経営優先の判断をすれば，大学入試としての公正性や公平性が損なわれる。

　本節では，CEFR 対照表と成績提供システム，言い換えれば，「複数の試験の成績を比べること」と「試験の運営を民間の事業者に丸投げすること」が新英語入試制度の致命的な欠陥であったことを論証した。文科省やセンターの担当者がその致命的な誤りを顧みることなく無理やり制度を構築し走らせようとしたことが，今回の英語入試改革の挫折の原因であった。その裏には利権がらみで改革を主導した政治家らによる圧力があったとマスメディアが報じ，SNS でも取り沙汰されている。

　そもそもテストといえば権威とみなされがちだが，大学入試となればなお

さらである。詭弁を重ねるなど，文科省はそこに付け込もうとしている節があったが，制度設計のずさんさはその程度で隠しきれるものではなかった。不幸中の幸いは，制度が動き始める前に，現場の教員や保護者，そして最後には当の受験生までもが，その欠陥に気づいて反対の声を上げ，制度導入を阻止したことである。「全入時代」と言われる現在でも，一人ひとりの受験生は自らの将来をかけて大学入試に挑む。その受験生を混乱に巻き込み，長年培ってきた大学入試制度への国民的信頼を失墜させた。その責任はどこにあり，どう出直すべきか。文部科学行政において通常ではありえないほどのでたらめが続いた後だからこそ，オープンな議論が期待される。

第３節　対案の可能性を探る

　萩生田文科相は英語民間試験の導入延期を発表した会見において，英語４技能を大学入試でどのように評価していくべきかを検討する会議[5]を立ち上げることを明らかにした。さらに，１年という期限を切ってこの会議を開催し，新学習指導要領で学んだ生徒が受験期を迎える令和７年度（2025年度）入試からの改変に向けた議論をするという方針も示した。令和３年度（2021年度）入試から予定していた４技能の民間試験導入は見送ったが，令和７年度（2025年度）入試から何らかの形で４技能評価を導入するという方向性を示したものとみられている。この会議における審議は始まったばかりで，日程終了までにどのような結論が導き出されるかは，筆者がこの原稿を書いている時点では予想がつかない。本節では，前節で確認した令和３年度（2021年度）入試における改革の失敗の原因を踏まえて，令和７年度（2025年度）以降の入試で具体的にどのような改善が可能であるかを考える。

１．対案の前提条件
　「４技能」を高々と謳うまでもなく，外国語の学習，指導，評価からあえ

5　「大学入試のあり方に関する検討会議」として令和元年（2019年）12月27日に設置された。その直前の12月17日に，英語民間試験と並んで共通テストの目玉とされていた国語と数学の記述式問題の導入も見送られることが決まったため，この会議では記述式出題のあり方も検討されることになった。

てスピーキング（話すこと）を排除する理由は見当たらない。共通テストも然りである。専門分野の文献を読むことや洋画を字幕なしで見ることのような特別な目的のために外国語を学ぶ際には，リーディングやリスニングに焦点を絞る場合もある。しかし，高等学校までの英語教育は特定の目的を想定して行われるものではない。大学入学後は専門書を読むために英語を使うことが多いので，大学入試でスピーキングを評価する必要はないという意見もしばしば聞かれる。しかし，同じことが共通テストを利用する800を超える大学・短大のすべてに当てはまるわけではない。個々の大学・学部等が入学者選抜において重視する能力は個別試験で問うのが筋であろう。したがって，もし容易に，かつ，大きな弊害を伴うことなくテストを実施できるなら，スピーキングも共通テストで評価した方がよいのは明らかである。

　ところが現実には，受験者が50万人を超える共通テストの規模でスピーキングテストを運営するのは容易でない。インタビュー方式のテストを実施するには，大学入試に携わるに相応しい資格や能力のある膨大な数の面接者を年に一度だけ雇って必要な訓練を受けてもらわなければならず，現実的ではない。コンピュータ方式のテスト（computer-based test：以下，CBT）を採用しても，採点者については同じ問題にぶつかる。さらにCBTでは，出題音声の配信や回答音声の回収を一律かつ安定的に行うことが技術的に難しい。数回に分けて試験を実施すれば，規模が小さくなる分，技術的な困難さは軽減するが，高校側との日程調整が困難である。下村博文元文科相の補佐官として一連の大学入試改革を推進した，現東京大学・慶應義塾大学教授の鈴木寛氏は，センターの主導では費用，期間，人手等の面でこれらの問題を解決できないと判断して，民間試験の利用を決めたことを示唆している[6]。

　しかし，南風原（2018a）や渡辺（2020）が指摘するように，複数の民間試験を使うという文科省内の決定がどのような手続きで行われたかは不透明である。そして，その決定に基づく改革がきわめて深刻な弊害を伴うものであったことは前節で確認したとおりである。加えて，「大学入試を変えれば高校の授業が変わり生徒のスピーキング力が伸びる」という改革の大前提を裏づけるエビデンスがないことも本章の冒頭で述べた。

6　NEWSポストセブン（2019.12.12）https://blogos.com/article/423262/

　つまり，今回の英語入試改革には何一つ良いことはなかったのである。無理を押し通すための場当たり的な制度設計で，入試制度に対する国民の信頼を裏切り，制度そのものの存続を危うくしただけであった。しかし，最悪の前例からも得るものはある。おそらく，その真逆に近いところに真の解があるのだろう。すなわち，低コストで比較的簡単にできて，大きな弊害を伴わずに指導に良い影響を与えることを，先を急がず段階的に進める。これらが検討に値する対案の前提条件と言える。

　するとまず考えられるのは，令和7年度（2025年度）入試以降も共通テストの英語試験を継続して，共通テストで測れないスピーキングとライティングの能力に関する情報を高校から大学に報告する方法である。大学の入学者選抜を高校における指導と有機的に連動させる手段の一つとして，以下でその可能性を探りたい。

2．「出願資格（2）」をめぐる高大の認識のずれ

　平成30年（2018年）9月25日，東京大学は令和3年度（2021年度）一般入試において，従来の出願要件に加えて，以下の（1）〜（3）のいずれかの提出を出願資格として求めることを発表した。

　（1）CEFR対照表のA2レベル以上に相当する英語民間試験の成績
　（2）CEFRのA2レベル以上に相当する英語力があると認める高校などによる調査書や証明書
　（3）何らかの理由で（1）（2）のいずれも提出できない場合，その事情を記した理由書

　この発表の1年足らず前の平成29年（2017年）11月10日には国立大学協会（以下，国大協）が，令和3年度（2021年度）入試からの4年間は国立大学の一般選抜の受験生全員に共通テストの英語試験と民間試験の両方を課すという基本方針を発表していた。令和7年度（2025年度）入試より前者を廃止して後者に全面移行するという文科省の方針を受けての決定であった。民間試験の利用に伴う多数の深刻な問題が指摘される中で，東京大学が国大協の基本方針に縛られることなく民間試験の受験を出願の必須条件としなかった

ことは，民間試験の利用に関する方針を決めあぐねていた他の国立大学の判断に大きな影響を与えた。中でも，名古屋大学や一橋大学などは東京大学の出願資格（2）と同様に，受験生の英語能力に関する高校等からの証明書の提出を認める判断をした。

東京大学は出願資格を発表した文書[7]において，「上記（1）〜（3）のいずれかの提出がなければ出願は受理できませんが，受理された後は合否判定の資料としては用いません」と明言した。また，高校による報告を認める理由を以下のように説明している。

　　当然のことながら，個々の受験生の英語力についていちばん正確に把握しているのは，高等学校の現場で日常的に指導にあたっている先生方でしょう。従ってその判断は，緊張を強いられる特殊状況で実施される限られた回数のテスト結果よりも，一般的に信頼度は高いと考えられます。［中略］この方法であれば，家庭の経済状態や居住地，あるいは何らかの障害等で不利益を被ることなく，本学への出願資格を証明することが可能になります。

東京大学の判断は教育現場の教員に信頼を置く良識的なものと言えよう。多数の深刻な問題が指摘されている上に，受験機会の均等も障がい等のある受験生への万全な対応も担保されていない民間試験を，高校3年の慌ただしい時期に安くはない受験料を払って受けさせるまでもないという，受験生に寄り添う判断であった。

その後，東京大学は平成31年（2019年）3月8日，出願資格（2）として提出する「英語力についての証明書」の書式[8]を発表した。その書式は高校長の署名と押印だけで完成するようになっており，「本校在学中に履修した英語に関する科目の日常の授業における学習状況や試験の成績等から総合的に評価した結果，CEFR の A2レベル以上に相当する英語力を有すると判断

7　2018年9月25日　東京大学入試監理委員会発表「2021年度東京大学一般入試における出願要件の追加について」Retrieved from https://www.u-tokyo.ac.jp/content/400099890.pdf

8　2019年3月8日　東京大学入試監理委員会発表「2021年度入学者選抜（2020年度実施）に関する予告について」Retrieved from https://www.u-tokyo.ac.jp/ja/admissions/undergraduate/e01_admission_method_05.html

します」（下線筆者）という文言が，CEFR の A2レベルとして欧州評議会が示している能力記述文とともに示されていた。書式に添えられた文書には，証明書で評価の具体的な根拠の記載を求めない理由として，東京大学が高校教員による評価を信頼し尊重することが再度明記されていた。

　筆者をはじめ共通テストの枠内で英語民間試験を使うことに反対している大学教員の多くは東京大学や名古屋大学などの出願資格（2）を，文科省や国大協から各国立大学に民間試験の利用を促す強い圧力がかかる中，民間試験受験の必須化を回避するための逃げ道的な選択肢と見ていた。さらに筆者らは，大学側の配慮が高校側に歓迎され，圧倒的多数の受験生が出願資格（2）を選ぶだろうと確信していた。ところが同じ時期にツイッター上では，現役および退職後の高校教員による以下のような趣旨のツイートが相次ぎ，筆者らを驚かせた。

　　　高校側が A2以上であることを証明するのは大変。「CEFR A2以上＝英検2級合格」で対応するしかない。

　　　公式スコアをもらうために共通テスト版の GTEC を受けなくてよくなっただけ。その分，自校で実施する通常の GTEC を採用する高校が増えるだろう。

　　　高校教員は漠とした評価に慣れていない。保護者からのクレームも想定されるし，非常に不安。保護者には民間試験の成績の方が客観的に見えるはず。

　　　しばらく CEFR に照らした活動をやって，それを高校の成績の一部に使うようにでもしなければ，日常的な指導を通して CEFR ベースの評価なんてできない。

　　　生半可で逆に負担。大学が本当に高校教員を信頼しているなら，教員の働き方改革にも強い関心を持ち，声を上げてもらいたい。両輪で回さないと高校は持ちこたえられない。

高校教員らのこのような反応から筆者は次のことを思い知らされた。（1）高校教員は生徒の能力評価を筆者らが想像していたよりはるかに真剣に捉えている，（2）高校教員は自らが CEFR に基づいて生徒の能力を評価する自信がない，（3）そのため，CEFR に基づく能力評価を求められると，民間試験に頼るか，追加負担を伴う長期的な取り組みが必要と考える。

　これは，亘理（2019）が日頃から高校教員らと共に授業づくりに取り組んでいる立場から，「（証明書は校長名で出すとしても）先生方はそれほど不真面目ではありません。現状も英検や GTEC の結果をもって判断しているように，何らかの形で責任を持った評価をしようとするはずです」と述べていることと整合する。

　一方で亘理（2019）は，A2レベルのタスクとして静岡県内の84校の高校教員から提出された90のタスクのうちで実際に A2レベルに該当すると思われるものが半数に満たなかったことを示し，真面目に取り組もうとするからこそ，現状で高校教員に CEFR に基づく判定を求めるのは酷であると主張した。さらに亘理（2019）は，この局面で高校教員がいい加減な能力評価をすることは，長い目で見ると，今後必要なアセスメントリテラシーの涵養を妨げるとともに，教員が下す能力判定に対する社会的な信頼を失墜させることにつながると警告した。大学側が重く受けとめるべき指摘である。

3．CEFR の空回り

　民間試験の受験を必須とすることを避けて，生徒の能力を日頃の授業を通して高校教員に評価してもらおうとした大学側と，その配慮を手放しで喜べなかった高校側のギャップの原因が何であるかは明らかである。高校の英語教育の現場では，CEFR に基づく評価ができるような授業が行われていないのである。CEFR では，A2レベルの能力が以下のように記述されている。

　　 – Can understand sentences and frequently used expressions related to areas of most immediate relevance（e.g. very basic personal and family information, shopping, local geography, employment）
　　　［個人や家族のごく基本的な情報，買い物，地元の地理，仕事などのような直接的な関係がある領域に関する文やよく使われる表現を理解

できる]

- Can communicate in simple and routine tasks requiring a simple and direct exchange of information on familiar and routine matters
  ［馴染みのある日常的なことがらについて単純で直接的な情報のやりとりをすることによって，簡単で慣例的なコミュニケーションができる］

- Can describe in simple terms aspects of their background, immediate environment and matters in areas of immediate need
  ［自分の背景，身の回りの状況，直接的な必要のある領域のことがらを簡単な言葉で説明できる］

　CEFR の能力記述文には作成に携わった研究者・教育者の多様な配慮や懸念が反映されており，表現が回りくどく曖昧である。とはいえ，各レベルを見分ける基準は「対象言語を使って具体的に何ができるか」であり，A2レベルに求められるのは複雑なことをする能力ではない。それでも，教師が自分の教える生徒にその能力があるかを判断するためには，教室内で同様のコミュニケーションが頻繁に起こっていなければならない。言い換えれば，授業中に何らかの目的を達成するために，意思を伝え合うという本来の用途で対象言語を使う機会がふんだんになければならない。さらに，そのような言語活動に携わる各生徒のパフォーマンスを教師が注意深く観察し評価できるような環境が整っていなければならない。日本の高校ではそのような授業が行われていないので，教師は CEFR に基づく能力評価ができないのである。

　それにしても，対象の生徒が教師の目の前にいるのに，わざわざ GTEC や英検を受けてもらわなければ，その生徒の CEFR レベルがわからないというのは，おかしなことである。GTEC や英検は，CEFR が想定する英語能力を測る試験ではない。各試験の成績は CEFR の各レベルと対応づけられているだけである。例えば，CEFR の A2レベルの能力記述文で示されたことができる生徒なら英検では1,700以上の CSE スコアをとるだろうと，英検協会が独自の方法で推定しただけのものである。これは，高校の教師自らが行う

10段階の成績評定を CEFR の各レベルと独自の方法で対応づけるのと原理的には変わらない。

　したがって，教師が英検や GTEC の成績を見て，「ああこの生徒は A2 だったのね」と無批判に納得するような状況では，CEFR がまともに使われているとは言えない。CEFR を本来の用途で使っているなら，教師の間ではむしろ「普段はこれだけのことができるのに，この生徒が A1 のはずがない。対応づけがおかしいのでは？」とか，「この生徒はまだ A2 に達していないのに，今回は A2 の成績が出てびっくり」というような声が聞かれても不思議ではない。

　現に，CEFR をそのように使っている教育現場は少なくない。例えば，英語圏の大学付属の語学学校では，入学要件や入学後の習熟度別クラス編成の基準として CFER を利用しているところがある。多くの場合，CEFR の B1 以上 C1 以下を入学要件として，その間を幾つかのレベルに分けてクラスを編成している。このような語学学校では，教科書も各クラスのレベルに応じたものが使われる。授業では，読む・書く・聞く・話すを組み合わせた多様な活動が行われるが，これらもクラスのレベルに合わせてデザインされる。さらに，各生徒の能力がクラスのレベルに合わないときや次のレベルに達したときには，所属クラスの変更が比較的簡単に行われる。

　このような教育現場では，教師は必然的にそれぞれの生徒の能力レベルを常時，意識しながら指導にあたる。また，1 クラスの生徒数が最高でも15名程度までであり，それが可能な環境が担保されている。そのため，教師の間では，「Kyoko のスピーキングがなかなか伸びない。リーディングはとうに B1 に達しているのに」「Nadiyya のライティングはかなり流暢になった。長いエッセーを書くと論理構成に一貫性がなくなることがあるけど，もう B2 のクラスで大丈夫」というような個々の生徒の能力レベルに関する話をしばしば聞く。

　CEFR は本来，このような土壌でこのような言語の学び方がされていることを前提に開発されたものである。ところが，日本の高等学校では，色々なレベルの40名もの生徒が 1 クラスに詰め込まれ，教科書も同じものを使う。その上，授業中に意思を伝え合うという本来の用途で対象言語を使う場面は稀にしかない。途切れ途切れの話す活動や書く活動が組み込まれることはあ

るが，人数が多いので，教師はその活動を通して各生徒の能力を把握することはできない。

　上述の英語圏の語学学校とは対照的なこの現実を前に，大学入試に突如 CEFR を持ち出してきた文科省のやり方には驚くしかなかった。素人の思い込みで，あるいは，教育とは関係のない目的のために，共通テストの枠内で複数の民間試験をどうしても使いたい政治家や官僚がいたのかもしれない。そして，彼らがその致命的な欠陥を隠すために CEFR を評価の軸とするというアイデアを思いついたのかもしれない。万一そうであったとしても，国を代表する専門の研究者たちがそれに加担して，CEFR 対照表を受験生や大学の前に差し出したことには愕然とした。

　英語で話す力を育てたいなら，教師が授業を通して CEFR に基づく能力評価ができないような状況こそを改善しなければならない。授業中に本来の用途で英語が使われ，その活動を行う個々の生徒の能力やその伸びに教師が常時注意を払いながら，都度都度に適切な介入をする。日本の学校でもそのような土壌を作るとしたら，教科書，教師養成・研修プログラム（教師の力量や言語観，言語習得観，指導観など），クラスサイズ，教師の働き方など多様な面での改善が必要である。上から乱暴に CEFR を投げ落とすようなことをすると，空回りするのは当然である。

　これらを考えると，令和7年度（2025年度）入試から何らかの改変をするにしても，CEFR はしばらく棚上げして，教員が普段の授業を通して生徒の能力を実感し相対化できるような状態に，指導現場を近づけていく方法を考えるべきであろう。

4．本当の対案は「インプット」——スピーキングの強調は逆効果

　前出の鈴木氏はメディア[9]の取材に答えて，「どうやったら生徒が英語をできるようになるかも大体分かっています」と豪語している。以下はそれに続く部分である。

　　　　CEFR で B2レベル（英検準1級）以上の教員がいて，授業中に教

9　教育新聞（2019.12.3）Retrieved from https://www.kyobun.co.jp/close-up/cu20191203/

師が発する言葉が半分以上英語ならば，生徒は英語4技能をバランスよく身に付けていきます。［中略］そもそも大半の高校で英語4技能の授業をやってないんですよ。英語4技能の教育が行われている高校は全体の3割だけなんです。この状態を20年間も放置してきた。しかも，先生の7割がCEFRでB2以上の能力を持っています。先生は英語4技能を教えることができるのに，実際には教えていないのです。学習指導要領が20年前に定めて，中学校まではちゃんとやっている。先生には教える能力がある。それなのに，高校では英語4技能が教えられていない。阻害している要因は何でしょうか。その答えは，大学入試以外ありません。

　鈴木氏が文科省による「平成30年度英語教育実施状況調査」[10]から得た後づけデータで自らの主張を裏づけようとしたのは明らかであり，このような素人の思い込みが鳴り物入りの英語入試改革の大もとであったとすれば，あまりに情けない。まず，鈴木氏が教員にCEFR B2レベル（英検準1級）以上の英語力があれば，授業の半分以上を英語でできると考えていることに唖然とする。筆者は工科系の単科大学に勤めているが，全学生のほぼ4分の1が卒業時までに，TOEICでCEFR B2レベル以上の成績を収める。英検準1級を持っている学生も少なくない。これらの学生に高校の50分の授業の半分を少なくとも週2回ずつ，年間を通して英語でできるスピーキング力があるかを是非，鈴木氏に見に来ていただきたい。彼（女）らが"ah..."　"em..."　"mm..."　と言い淀みながら絞り出す英語を半分以上交えて，高校生の注意を10分間だけでも引きつけておける方法があるなら，教えてもらいたい。そもそも「英語ができる＝教える能力がある」という発想自体が教育を論じる人のものとは信じがたい。教育現場の抱える問題をこれほどまでに単純化し，教育実践や周辺研究を軽んじる人が「改革」を率いたことが失敗の原因であったのではないか。机上の空論で受験生を混乱させ教育現場をかき乱した張本人が今でも国の教育に関して一定の発言力を持つことには強い憤りを覚える。

10　平成30年度「英語教育実施状況調査」の結果について　Retrieved from https://www.mext.go.jp/a_menu/kokusai/gaikokugo/1415042.htm

　問題はむしろ，英語科の教員免許を取得し英検や TOEIC で比較的高い成績を収めた教員の多くに，自信をもって英語で授業をできるだけのスピーキング力がないことと関係がある。語彙や文法に関する豊富な知識を持つ英語教員の多くがリーディングやライティングに比べてスピーキングを苦手とするのはなぜか。その主な原因は，インプット（目にしたり耳にしたりする言語情報）が足りないことにある。高校生・大学生を含む日本の英語学習者の多くがスピーキングを苦手とするのも同じ理由である。もう少し詳しく説明しよう。

　外国語を話す能力は話すことによって培われるのではない。話す能力は主にインプットを理解する（端的に言えば，聞いた情報，読んだ情報の内容がわかる）過程で習得される。日本では実際に英語を使う機会が少ないためか，授業などで明示的に学んだ文法知識が自動化する（意識的な練習の繰り返しによって無意識に使えるようになる）ことに過大な期待が寄せられがちである。たしかに一部の文法項目については，明示的に学んだ知識の自動化が起こりうることが報告されている（例えば，白畑，2015, 2018）。しかし，その範囲はきわめて限定的である。そう易々と自動化が起こるなら，英語教員が話せなくて悩むことなど，そもそもないはずである。

　筆者がツイッターで「英語のスピーキング力は文法知識を詰め込んだり定型的な発話練習を繰り返しても伸びない」と発信すると，「私はそうは思わない。文法知識を身につけて英作文と発話の練習をすれば話せるようになると思う」という反論のツイートがあった。以下はそのとき，筆者の口からついて出たその反論に対する反論である。

　　The grammar I'm using at the moment has been acquired through use. It's not developed from the knowledge I learned at school.
　　［今，私が使っている文法は使うことを通して習得されたものだ。私が学校で習った知識が発達したのではない］

　筆者が特別な注意を払うことなく，抽象名詞の "grammar" や "knowledge" に定冠詞の "the" をつけたのは，高校で「抽象名詞でも関係詞に導かれる形容詞節に修飾されるときには "the" がつく」と習い，それを練習

したからではない。この文脈で自分の意図するきわめて限定的な "grammar" や "knowledge" の「概念（意味）」を伝えるためは "the" という「文法形式」が必要であることを，"the" が同じように使われるたくさんのインプットを理解する過程で，ある意味「体得」したのである。

"The grammar" と "I'm using" の間や "the knowledge" と "I learned" の間に関係詞を使っていないのも，「目的格の関係代名詞は省略できる」と中学校で習い，その文法知識を使う練習をしたからではない。同様に，時制（この場合は，現在進行形，現在完了形，過去形）や能動態，受動態も「学習 → 練習」の積み重ねによって使えるようになったのではない。自分が伝えたい「概念（意味）」を伝えるのがそれぞれの「文法形式」であることを，英語で話され書かれたたくさんの情報を理解する過程で体得したのである。

もちろん，話された情報の理解は筆者が一方的に行ったのではなく，インタラクションを繰り返すことで相手の意図することがわかる場合も多い。そういうやりとりを通して，筆者の内面で「概念（意味）」と「文法形式」とが徐々につながっていったのである。

筆者が冠詞，関係詞，時制，態などについての文法知識を持っていて，必要に応じてインプットに分析的な注意を向けられたことは，筆者の内面で「概念（意味）」と「文法形式」とのマッピングが進むのを大いに助けたであろう。実感もあるし客観的な証拠もある。しかし，筆者がこれらの文法規則を使えるようになったのは，あくまでもそれぞれの規則を含む大量のインプットを受け取り，理解したからである。このようなインプットとの接触がなければ，筆者は今もそれらの文法規則を知っていながら使いこなすことはできなかったであろう。

外国語で話す能力が発達するメカニズムについての研究はまだ仮説段階のものが多い。しかし，インプットが発達の必要条件であり，円滑な発達を促すためには大量のインプットが必要であることは，これまでの第2言語習得研究[11]に基づく総括的な見解と言える。文科省が平成25年度（2013年度）より高校に導入した「英語の授業は英語で行う」という原則を，令和2年度（2020年度）からは中学校にも適用することを決めたのは，まさしくそのた

11　学習者が母語以外の言語を習得する過程の科学的に解明する，心理学，言語学，教育学などの学際領域。

めである。平成22年（2010年）に公表された高等学校学習指導要領解説には，その目的が「生徒が英語に触れる機会を充実するとともに，授業を実際のコミュニケーションの場面とするため」と明記されている。鈴木氏もその流れを受けて，教師が授業中に半分以上の言葉を英語で話せば，生徒は英語4技能をバランスよく身につけると極言したのであろう。

　ならば，日本の「英語教育改革」は，まずそのことに焦点を絞るべきである。第2言語発達の必要条件であるインプットが足りなければ，指導の現場で行われる活動の多くは無駄になる。教師がいくら熱心に文法指導をしようと，生徒がその文法知識を使う口頭練習を何度繰り返そうと，生徒はその文法規則を口頭のコミュニケーションで使えるようにはならない。文法規則の分析的な理解を問うテストなど，作る教師にとっても，受ける生徒にとっても虚しいだけである。

　十分なインプットのないところで教師から生徒に授けられた文法知識は多くの場合，一時的に暗記されやがて忘れられる。習った文法知識を活かせるのは学校の外（例えば英会話学校，オンライン講座，海外留学など）で相当量のインプットと接触した生徒だけである。商社員や研究者など仕事で英語を使う機会が多い人の中には，「実際に必要になったときには比較的簡単に話せるようになったので，学校時代は読み書き文法をしっかりやっておけばよい」と言う人もいる。しかし，その人たちが話せるようになったのは，仕事を通して膨大な量の英語を読んだり聞いたり（英語で話し合ったり）したからであり，学校で学んだ文法知識はそれを助けただけである。

　むしろ今問題になっているのは，このように活躍する人がいる一方で，大半の人が「かつて学校の英語の授業で習ったことが役に立たない」と感じていることである。平成25年（2013年）4月，自民党の教育再生実行本部は大学入試にTOEFLを導入することを柱とする提言を行った。そのときの実行本部長の遠藤利明衆議院議員はラジオ番組[12]の電話インタビューに答えて，中学・高校で6年間英語を習ったにもかかわらず，国際会議の際のパーティーの場で会話に参加できなかったことが提言につながったと明かしている。在学中も卒業後もインプットとの接触がほとんどなく，突然話そうとし

12　TBSラジオ　荻山チキ・Session-22「英語の早期教育」後編．（2013.4.3）

ても思うようにならないのは当然である。空回りする国の英語教育改革にそれでも期待が寄せられるのは，程度の差こそあれ遠藤議員と同じように，基本的にはインプット不足のために，話したいことを話せないと感じている人が社会のあちこちにいるからであろう。

　ならば，国がなすべき「改革」は，伸び悩む日本の学校の生徒たちに何がなんでも大量のインプットを提供することである。実現可能性の怪しい目標を上から下に投げ落とすだけでなく，生徒たちが目標を達成できるだけの読んで聞いて話し合う機会を与えなければならない。日常的に英語を使う必要のないこの国で，生徒たちに大量のインプットを保証するのは容易ではない。それもあって，英語教育の目的自体を見直した方がよいという声も上がっている（例えば，鳥飼・大津・江利川・斎藤，2017）。それでも国は迷うことなく，「英語が使える日本人」「コミュニケーション能力の育成」「4技能」と謳っている。ならば，何をおいても優先すべきは大量のインプットを保証することである。その他の話は，第2言語発達の必要条件を満たしてからで遅くない。

　本項冒頭の鈴木氏のコメントからは，彼が「大学入試を変える→4技能の授業が行われる→授業中に教師が発する英語がふえる→生徒が4技能をバランスよく身に付ける」という単純な因果の連鎖を信じていることがわかる。考えの甘さに唖然とするが，その一方で，入試を変えることによって生徒が教師から受け取るインプットを増やそうとしている点において，この改革はインプット重視のものと言える。

　ところが残念なことに，入試を変えても授業は政策決定者が望むようには変わらないことが既にエビデンスにより裏づけられている（馬場，2019；寺沢，2018）。渡部（2018）はその理由として，入試の改変と指導実践の間に介在する教師の「ビリーフ」が，テストの波及効果に大きな影響を与えることを指摘している。亘理（2019）も教師の「観」の影響の大きさを示す例を挙げ，仮にテストがよい出来であったとしても，それぞれの教師が独自の考えに基づいて試験対策を行うので，望まれる授業改善をもたらすことは期待できないと述べている。

　平成25年（2013年）3月，政府の産業競争力会議において，当時の下村博文文科相は「大学入試における TOEFL 等活用の飛躍的拡充」を目指すこと

を明言した。それ以来，国やメディアが大学入試へのスピーキングテスト導入をことさら強調することにより，亘理（2019）らが予想したことが既に起こっている。「話す能力は話すことを通して伸びる」「練習を徹底すれば話せるようになる」といった，従来からある誤解の影響がさらに深刻化しているのである。

スピーキングテストの実施と採点には他の技能のテストよりはるかに多くの費用と時間がかかる。そのため，どの民間試験もスピーキングの出題数はごく限られている。また，測りやすさ（費用と時間の削減）を優先し，コミュニケーションの実態から懸け離れた問題も少なくない。例えば，高校生の多くが受ける GTEC のスピーキングテストは全部で 8 問しか出題されない。その上，どの回のテストを受けても，最初の 2 問はタブレット PC のモニター上に提示された英文を読み上げる問題である。個々の生徒や教師がこれらの問題の受験対策をどのようにするかや，日頃の学習や指導にどのような影響があるかを予想するのは難しい。しかし，音読問題の対策として行う活動がスピーキング能力の発達に大きく役立つとは考え難い。読み上げ中の発音矯正に過度の注意が払われるようなら，能力向上の妨げにもなりうる。スピーチやプレゼンテーションについても同じことが言えるが，先に準備した内容を話す（声に出す）活動は，即興で自発的に話す能力の発達を直接的には促さない。

生徒の話す力を伸ばしたいなら，まず必要なのはインプットである。そのためには，内容を理解するという本来の目的のために生徒が聞いたり読んだりする量をできる限りふやさなければならない。それにもかかわらず，文科省が「スピーキング」や「パフォーマンス」を過度に強調するために，話す能力の向上には直接つながらない「話す」活動に多くの時間が費やされている。このように文科省のミスリードのために，生徒や教師に与えられるなけなしの時間が無駄遣いされるのを見ると，英語教育政策の策定に関わっている研究者や教育者はもはや大局を俯瞰することができず，目指す方向を見失ってしまっているのではないかと思われる。

拙劣な英語教育政策に起因する教育現場の混乱は今に始まったことではない。「コミュニケーション重視」が叫ばれて久しいが，実際の授業ではコミュニケーションと呼べるものはあまり起こっていない。コミュニケーショ

ンとは声を出すことではない。ここでいうコミュニケーションとは，対象言語の「文法形式」を使って「概念（意味）」を伝え合うことである。聞く・話す・読む・書くのどの活動であろうと，「文法形式」と「概念（意味）」とのつながりのない使い方をしたのでは，生徒の内面で両者のマッピングは進まない。それにもかかわらず，今でも多くの教育現場では，声を出すだけの（「文法形式」を使う練習のための）「コミュニケーションもどき」で貴重な授業時間が浪費されている。

　生徒が話せるようになることを目指すのなら，個々の教師が習得のメカニズムを理解し，そのメカニズムを活性化するとともに，習得を妨げないような判断がその都度できるようにならなければならない。しかし，このところの混乱ではそのようなことは望むべくもない。空回りする一連の「改革」の中核を担ってきた研究者や教育者の刷新が必要なのは明らかである。社会のニーズや期待は言うまでもなく現実の制約も考慮して，学校における英語教育の目的を再確認し，優先順位を決め，諦めるところは諦めて，教師が指導の腕を磨くことに喜びを見出せるような環境を整えなければならない。入試改革より教育政策の決定プロセスの改革の方が喫緊の課題である。

５. 令和７年度（2025年度）入試からの「対案」

　前項では，話す能力を含めた英語４技能の育成を国が本気で目指すなら，大学入試改革の前に，生徒が接するインプットの量を格段に増やす必要があることを論じた。具体的には，本節の第３項で指摘した教科書の改善，教員養成・研修プログラムの拡充，クラスサイズの縮小などに加えて，TBLT（Task-Based Language Teaching：タスクに基づく指導）や CLIL（Content and Language Integrated Learning：内容言語統合型学習）などインプットの量を自然な形で増やす指導法の推進，効果的な e-learning や多聴・多読システムの開発・運営，オンラインで海外と交流する機会の提供などに類する多様な手段が考えられる。生徒間のインタラクションを巧みに発展させたり，初級レベルの生徒にでも英語で教えたりできる，資格に裏づけられた力量のある外国人正規教員やティーチャー・トレーナーの採用（教員採用制度の見直し）も一考に価する。また，他教科との兼ね合いで，「何ができるようになるか」の明確化が求められる中，「教えれば学ぶ（できるようになる）」という誤っ

た言語習得観の影響がさらに強くなった学習指導要領を見直すことも必要であろう。

　共通テストへの民間試験導入の動きは平成25年（2013年）3月の下村元文科相による「TOEFL等活用の飛躍的拡充」宣言で始まった。しかし「使える」ようになることを本気で目指すなら、飛躍的に拡充しなければならないのは、生徒が受け取るインプットである。今回の改革の失敗によって浪費した税金や関係者の労力を投じていれば、これまでできなかった抜本的な改善ができ、それなりの成果も上がっただろう。はなはだ残念である。本節の第1項では、民間試験利用の欠陥を補う対案の前提条件は以下であることを確認した。低コストで比較的簡単にできて、大きな弊害を伴わずに指導に良い影響を与えることを、先を急がず段階的に進める。先を急がず段階的に進めるために、インプットの確保を最優先することを提案したい。

　その上で、令和7年度（2025年度）入試から共通テストの枠内であえて英語4技能を評価するとしても、センターが作るリーディングとリスニングのテストは是が非でも残すべきである。読むこと聞くことはそれぞれのスキル自体の重要性に加えて、話す能力を含む第2言語発達の要である。この2技能の評価を品質と利潤の追及がせめぎ合うブラックボックスの中で運営される複数の民間試験に丸投げし、これまでにセンター内で受け継がれてきた作問の技術や蓄積されてきたデータを反故にするのはあまりにもったいない。

　スピーキングについても民間試験を利用すべきではない。民間試験では等化・標準化と経費削減のために毎回同じ形式の問題が数問しか出されない。そのため、話す能力の発達を促すとは考えられない定型的な受験対策を誘発しがちである。さらに、指導の現場に話す力を育む態勢が整っていない現段階でことさらスピーキングを強調すると、「コミュニケーションもどき」の活動に今以上の授業時間が浪費されることになる。

　共通テストとして実施する6教科30科目の試験の中から英語1科目だけを取り出して、複数の民間事業者に丸投げするなら、その整合性の無さを補って余りある収穫がなければならない。しかし、本章で確認したように、予想されるのは弊害ばかりで正の波及効果は期待できない。よって、令和7年度（2025年度）以降の共通テストで民間試験を使うという選択肢はそもそもありえない。

評価しようとしているのは，コミュニケーションをする（「文法形式」を使って「概念（意味）」を伝え合う）能力であり，その能力を直接的に伸ばすのもコミュニケーションをする（その過程でインプットを理解する）ことである。ならば，その両方を同時に行うことが弊害を伴わずに指導に良い影響を与える最善の評価方法であろう。つまり授業中に，①本来の用途で英語を使う機会がふえるような改善をしながら，②教師が一人ひとりの生徒のパフォーマンスに注意を払えるような環境を整え，③教師がそのパフォーマンスを客観的に評価できるような体制をつくり，④その評価を高校から大学に報告するのが，令和7年度（2025年度）の時点では最善の方法であろう。

　①と②については，教員研修プログラムの拡充やクラスサイズの縮小が必要である。

　③については，評価基準を全国の教員間でどう共有するかが問題であるが，各レベルに該当する生徒のパフォーマンスを動画で示すことや，各レベルの生徒が達成できるタスクを提示する方法が考えられる。両方を組み合わせることも可能であろう。評価基準が決まり，動画やタスクが出来れば，レベル観がより正確に共有されるような研修を企画することもできる。評価基準としては，本節の第3項で確認したように，CEFRの使用はしばらく棚上げした方がよさそうである。CFERで言えばA1，A2レベルに大多数の受験生が該当するという現実や大学側がその成績をどう使うかなどを考慮して，評価観点（スピーキング能力のどのような面に注目するか）やスケール（何段階に分けるか）などを決める必要がある。さらに，評価基準を固定するか，随時更新して能力の実態を反映した基準にするかも検討しなければならない。いずれにしても，オーダーメイドの評価基準であれば，指導の充実に資する判断がしやすい。

　④については，日頃の授業中のやりとりだけから評価するか，パフォーマンステストも利用するか，また，高校の成績と関連づけるか，関連づけるとしたらどう関連づけるかなどを検討する必要がある。評価の客観性を高めると同時に，評価が過剰な負担になって指導の向上を妨げないような配慮も必要である。

　一方，証明書の利用など，高校から大学に各受験生の成績をどのように伝え，大学側がそれをどう使うかも慎重に検討する必要がある。同時に，浪人

生や社会人等，既卒生の能力を評価して大学に報告する方法についても考えなければならない。そもそもリーディング力やリスニング力に比べると受験者間の能力差が小さいスピーキング力を緩やかな基準と方法で評価するのだから，スピーキングの導入によって妥当性のない合格者の入れ替わりが起こらないように注意する必要がある。

　いずれにしても，しばらくの間は大学の入学者選抜を高校における指導と有機的に連動させて双方の教育に望ましい波及効果を得る方法を探るための試行期間というくらいに捉えた方がよい。その間に4技能を育成しようとするなら当然必要な改善を着実に進めていくことが重要である。

　ライティングについては，個別試験で出題している大学も少なくないが，スピーキングと同様のシステムを構築することも可能であろう。

第4節　おわりに

　本章では，共通テストの枠内で英語民間試験を利用することに伴って予想されるのは深刻な弊害ばかりであり，正の波及効果は期待できないことを論証した。さらに，令和7年度（2025年度）以降の大学入試において4技能評価を実施するのであれば，その評価が高校における指導の向上につながるような工夫が不可欠であることを論じ，その方法を具体的に示した。これらを踏まえてもまだ民間試験の利用に固執する政治家，官僚，研究者，教育者がいるなら，その人たちの目的は教育とは関係のないものであると思われる。

　阿部（2017），江利川（2019a, b）は，今回の入試改革の裏には教育市場を活性化するとともに，入試という新たな利権を生み出そうとする財界や一部の政治家の思惑があることを指摘している。その思惑を教育向上という大義に見せかけるためか，平成25年（2013年）3月，当時の下村文科相による「大学入試における TOEFL 等活用の飛躍的拡充」宣言から令和元年（2019年）11月の萩生田文科相による民間試験の導入の延期発表まで間の文科省内の手続きに不可解なものが多い。例えば，南風原（2018b）や渡辺（2020）が指摘するように，複数の民間試験を使うという決定プロセスは透明性を欠いていた。また，羽藤（2018b）が指摘するように，共通テストとして使わ

れる民間試験の選定やCEFR対照表の検証においても，官民の緊張関係のないところで事業者に利する判断が積み重ねられた。改革が破綻してからでさえ，主導した政治家，官僚，研究者と共通テストに参入することになっていた事業者との不適切な関係が次々と発覚し報道されている。

　これらを見ると，「4技能」「CEFR」「スピーキング」などの用語は彼らの私欲を隠すための隠れ蓑に過ぎなかったのではないかと思えてくる。一教科とはいえ，共通テストの民営化は英語4技能評価の導入以上の重大事である。その是非が隠れ蓑に覆われて一切議論されていない。この点がオープンに議論されなければ，専門の研究者たちが理論やエビデンスに基づく学術的論考を重ねて，実現可能で有効な提案をしたところで，何の影響を及ぼすこともできない。本稿を書き終えると同時に，民間試験の利用延期を受けて令和7年度（2025年度）入試からの英語入試のあり方を議論していた自民党のワーキングチームが，既存の民間試験の活用を推進する方向で提言を取りまとめ，これを文科省に提出することが報じられた[13]。この国に研究者の存在意義はあるのだろうか。

文　献

阿部　公彦（2017）．史上最悪の英語政策——ウソだらけの「4技能」看板——　ひつじ書房

阿部　公彦（2018）．なぜスピーキング入試で，スピーキング力が落ちるのか　南風原　朝和（編）検証迷走する英語入試——スピーキング導入と民間委託——（pp.69-88）岩波書店

荒井　克弘（2018）．高大接続改革の迷走　南風原　朝和（編）検証迷走する英語入試——スピーキング導入と民間委託——（pp.89-105）岩波書店

馬場　正太郎（2019）．どうすればハイステイクス・テストの望ましい波及効果をもたらすことができるのか？　教育心理学研究からの提案　日本言語テスト学会誌，*22*, 44-64.

江利川　春雄（2019a）．英語教育の「市場化」に未来はあるか？　現代思想，2019年5月号，124-135.

江利川　春雄（2019b）．巨大利権の実験場——小学校英語教科化と大学英語入試民営化教育——教育，2019年6月号，65-70.

藤原　康弘（2018）．大学英語入試で何を測るべきか　JACET中部支部紀要，*16*, 1-32.

南風原　朝和（2017）．大学新テスト方針案公表　記述式・英語委託　熟考を　日本経済新聞　5月22日朝刊，16.

13　教育新聞（2020.3.2）Retrieved from https://www.kyobun.co.jp/news/20200302_04/

南風原　朝和（2018a）．英語入試改革の現状と共通テストのゆくえ　南風原　朝和（編）検証迷走する英語入試──スピーキング導入と民間委託──（pp.5-25）岩波書店

南風原　朝和（編）（2018b）．検証迷走する英語入試──スピーキング導入と民間委託──岩波書店

南風原　朝和（2019）．測定論の観点からの若干の補足　京都大学　西山教行教授主催の国際研究集会「CEFR の理念と現実」における指定討論者としての発表　京都大学　Retrieved from https://ocw.kyoto-u.ac.jp/ja/international-conference/90/video/video18（2019年3月3日）

羽藤　由美（2018a）．スピーキングテストの開発・運営から見えてきたもの　東京大学高大接続研究開発センター主催シンポジウム「大学入学者選抜における英語試験のあり方をめぐって」における発表　東京大学

羽藤　由美（2018b）．民間試験の何が問題なのか── CEFR 対照表と試験選定の検証より── 南風原　朝和（編）検証迷走する英語入試──スピーキング導入と民間委託──（pp.41-68）岩波書店

羽藤　由美（2018c）．大学入試へのスピーキングテスト導入のインパクト──テスト開発の実践に基づく考察── 英語教育，2018年8月号（Vol.67, No.5），28-29.

羽藤　由美（2019a）．英語民間試験の問題点とは？──「各資格・検定試験と CEFR との対照表」の不都合な真実── 地域科学研究会・高等教育情報センター主催セミナー「大学入学共通テストの事前検証と今後 II」における講義　城西大学

羽藤　由美（2019b）．国立大学は若者を犠牲にすることに加担するな──迷走を続ける英語入試改革の現状── 岩波科学，2019年10月号（Vol.89 No.10），905-913.

羽藤　由美（2019c）．2020年度英語入試改革の構造的欠陥　指導と評価，2019年11月号，9-12.

羽藤　由美（2020）．英語入試改革の挫折から　迷走を抜け出す道を探る　現代思想，2020年4月号，72-84.

宮本　久也（2018）．高校から見た英語入試改革の問題点　南風原　朝和（編）検証迷走する英語入試──スピーキング導入と民間委託──（pp.26-40）岩波書店

文部科学省高等教育局大学振興課大学入試室（2019）．大学入試改革における英語資格・検定試験の活用について（関係資料集）文部科学省　Retrieved from https://www.mext.go.jp/component/a_menu/education/micro_detail/__icsFiles/afield-file/2019/08/26/1420500_1.pdf（2020年3月9日）

文部科学省（2019）．萩生田光一文部科学大臣記者会見録（令和元年11月1日）文部科学省　Retrieved from https://www.mext.go.jp/b_menu/daijin/detail/1422393.htm（2020年3月18日）

日本言語テスト学会（2017）．大学入学希望者学力評価テスト（仮称）における英語テストの扱いに対する提言　日本言語テスト学会　Retrieved from http://jlta2016.sakura.ne.jp/wp-content/uploads/2017/04/JLTA_proposal2017_Jan_4.pdf（2019年3月8日）

野口　裕之（2017）．大学入試に英語民間試験　合否判定には適さず　日本経済新聞 10月9日朝刊，18.

白畑 知彦 (2015). 英語指導における効果的な誤り訂正――第二言語習得研究の見地から――大修館書店

白畑 知彦 (2018). 外国語の文法学習における明示的な学習・指導の役割を考える 静岡大学教育学部研究報告 (教科教育学篇), *50*, 169-184.

寺沢 拓敬 (2018). 四技能入試は改革の切り札か？ 英語教育, 2018年11月号 (Vol.67 No.9), 40.

鳥飼 玖美子 (2018). 英語教育の危機 筑摩書房

鳥飼 玖美子・大津 由紀雄・江利川 春雄・斎藤 兆史 (2017). 英語だけの外国語教育は失敗する――複言語主義のすすめ―― ひつじ書房

渡辺 敦司 (2020). 大学入学共通テスト 民間試験活用はどこでこじれたか 英語教育, 2019年3月号 (Vol.68 No.13), 34-37.

渡部 良典 (2018). 学習者を育てるためにテストを使う――波及効果の研究が示唆する指導と評価の一体化―― ブリティッシュ・カウンシル主催セミナー「テストが到達目標と指導に与える影響――スピーキング試験と指導の有機的な連動をめざして」における基調講演のレポート ブリティッシュ・カウンシル Retrieved from https://www.britishcouncil.jp/programmes/english-education/japan/report/assessment2018-seminar/lecture1 (2019年3月8日)

亘理 陽一 (2019). 高等学校による英語運用能力のアセスメントについて 東京大学高大接続研究開発センター主催シンポジウム「大学入学者選抜における英語試験のあり方をめぐって (2)」報告書, 47-59.

安河内 哲也 (2018). 全解説 英語革命2020 文藝春秋

吉田 研作 (2019). 英語教育の行方 (1) 日本記者クラブにおける会見 (2019年11月7日)

全国高等学校長協会 (2019). 2020年4月からの大学入試英語成績提供システムを活用した英語4技能検定の延期及び制度の見直しを求める要望書 (令和元年9月10日) 全国高等学校長協会 Retrieved from http://www.zen-koh-choh.jp/iken/2019/20190910.pdf (2020年3月18日)

第 7 章

入試制度の変更と試験問題
―――国語（古典）に関する設問を中心に―――

秋田県立秋田北高等学校　教諭　伊藤　博美

第 1 節　はじめに

　2021年から導入される大学入学共通テストの目的や実施背景については，文部科学省や大学入試センター等から適宜発信される多くの説明や情報がある。ただし，その性急な実施とそれに付随する制度の未整備などについて多くの批判があることも周知の通りであろう。

　少し過去を振り返ってみると，大学共通1次学力試験（以下，「共通1次」とする）実施前，いわば個別試験の時代においては，各大学作成による個性溢れる問題が並んでいた。手元にある大学入試問題を瞥見すると，いわゆる難問・奇問も散見され，合格のためにはその大学に特化した訓練を必須とするものも少なくなかった。その意味で，昭和54年（1979年）実施の共通1次は，多様性とメッセージ性に富む，別の見方を取ればそれに特化した訓練が必要なものから入試問題を解放するのに大きな役割を果たしたと言っていいだろう。いわば入試の民主化に貢献したのである。他方で，大谷（2019）にもあるように，当初は小論文・面接等の多様な評価方法による実施が期待されていた2次試験が，実際には個別学力試験になり，結果的に受験生を偏差値序列によって一方的に誘導するものとなってしまった点は否めない。その後の臨時教育審議会の答申を経て実施された大学入試センター試験（以下，「センター試験」とする）では，アラカルト方式導入による私立大学等の参加等もあり，制度としての複雑さを増していったが，偏差値に象徴される強固な学力選抜体制の構築に寄与するものとなってしまった感もある。それゆえ，例えば1990年代半ば頃の新設公立大学における分離・分割方式の採用表明は，そのまま受験業者の偏差値序列上に位置付けられることに繋がったの

である。他方，その点を危惧した一部の大学においては，当初独自日程で実施し，大学の社会的評価の安定化とともに分離・分割方式への参入を行うという動きもみられたのであった。

　あくまで筆者の実感による素描に過ぎないが，こうした流れをふまえつつ，入試制度の安定期と変革期において，それを担った試験問題はどのように変容していったのか，本章ではこの点について議論を試みる。ただし筆者は，入試制度自体を研究テーマにしているわけではない。したがって，制度変更の前提としてある諸条件，すなわち，将来に対する予測と展望，将来の地点から反省的にみた現状分析，さらには，そこに働く政治的意図等といった問題については，議論上必要なものだけにとどめたい。また，当然ながら，試験問題自体に対する評価と，幾多の変更を含む制度運用に関する評価は腑分けして扱うものとする。

◆◇◆

第2節　共通1次・センター試験にみる
入試制度と試験問題

1．入試制度・試験問題の評価に関する視点

　筆者は入試制度の変遷やその評価については専門外であるが，制度の変遷の影響下で教育活動に携わっている一人として論じることは許されよう。そうした立場からみると，当時の社会状況や世論に鑑み，紆余曲折を経ながらも柔軟に対処しようとした一つの着地点が昭和54年（1979年）本実施の共通1次であり，そのマイナーチェンジ版ともいえる平成2年（1990年）以降のセンター試験であろうと思われる。そこには新制度を巡る幾多の議論や葛藤があり，また，本実施以降も社会や政治の変化に適応する形で，数度の小変更を繰り返してきた経緯がある。それゆえ，そうした歴史的状況，制度変更の事情や背景に寄り添わず，現在の常態化した価値基準，誰もが納得する考え方に立脚して制度そのものの価値の否定や擁護を行うことは，望ましくない方法であろうとも思われる。現時点の思考に立脚すれば，当時の制度の限界を指摘するのは極めて容易なように思われるからである。

　他方で，同様に，入試制度が成立した時代や社会状況を一切捨象して，そ

の先見性を評価する場合にも注意が必要であろう。マークシート方式自体は答案の客観性が保証されるとはいえ，導入当時においては，後に60万人にもなる受験生の同日・同時間帯一斉実施，かつ短時間での採点・成績提供という前例の存在しない試みを前にして取らざるを得なかった方法であったのだろう。あくまで想像に過ぎないが，そこには記述式実施に対するある種の断念や諦念もあったかもしれない。

　そのようにみるならば，センター試験と前身の共通1次は，時代や社会の要求する学力を意識しつつ選抜試験としての機能を維持してきたものとして十分に評価に値するものだろう。

　果たして共通1次とセンター試験は，いわゆる学力の三要素の一つ「思考力・判断力・表現力」のうち，表現力は除くとして，「思考力・判断力」の評価性能においていかなるものであったのか，今一度再考してみることは不毛な試みとは言い切れないだろう。

２．試験問題を取り巻く環境

　令和3年（2021年）実施の大学入学共通テスト（以下，「共通テスト」とする）における最大の特徴の一つは記述式問題の導入である。そこには，従来のセンター試験が，平成19年（2007年）の学校教育法改正時に示された学力の三要素（「知識・技能」「思考力・判断力・表現力」「主体的に学習に取り組む態度」）のうち，「思考力・判断力・表現力」に関する評価・測定性能において不十分であったという見方がある。それゆえ，共通テストは，三要素に関するバランスのとれた評価，測定性能の向上を目指したものであるとされている。

　ただ，これまでのセンター試験においても，上述のように通時的に概観する限りにおいて，思考力・判断力の測定性能の向上を目指してきたことも確かであろう。センター試験は，学習指導要領の改訂や多様な受験生への対応を行いつつ変化し続け，試験問題自体についても，年度による違いはあるにせよ，資質・能力の測定性能においてそれなりの質的向上が図られてきたように思われるのである。

　また，センター試験は，毎年多くのメディアに取り上げられるなど，いわば国民的行事・風物詩となっている感もある。新聞紙面には多くのスペース

が割かれ，問題の難易度についてはもとより，問題に関する質的評価がなされることも多く，常に社会的関心を集めている。さらには，かつてセンター試験を受験し，現在は社会人となっている一般市民が，郷愁も相俟って問題を解き，あれこれ評価・話題にすることも多いと聞く。センター試験は行事としてのみならず，問題の質自体についても常に不特定多数の市民の評価にさらされていると言ってもいいだろう。こうした一般の声が届くかどうかは別として，少なくともセンター試験の作問者は，目的とする資質・能力の測定性能はもとより，常に社会的関心も意識しているものと推測される。

3．受験技術（テストスキル）の発達と試験問題の変遷

　共通1次の実施は，受験生にとって複数の受験機会を奪うことにはなったが，当該大学に対する特別な受験技術（テストスキル）から彼らを解放するのに役立った。また，その後のセンター試験においては，多くの私立大学の参加を可能にし，特に地方の私立大学にとって大学の認知度の向上と受験生の増加に寄与した。他方で，両試験については受験業者や大手予備校を中心に，多くのテストスキルが研究・提示されてきた。

　当該試験において，測定目標とする資質・能力とは異なった，試験を解くための技術的要素が大きな意味を担っていたとすれば，そうした状況は入試の機能という点において大きな問題と言わざるを得ない。ただし，倉元（2019）にもあるように，筆記試験においてテストスキルを完全に排除することは不可能であろう。また，一般に，その試験の実施当初においては，スキルの混入は少ないだろうが，センター試験のように，30年以上にわたって実施されてきた試験の場合，スキルの混入はより大きなものとなっていくであろう。そこには，一定以上のスコアを取れば合格といった技能水準を確認する資格試験とは異なる，可能な限り高いスコアを取ることが求められる選抜試験という試験の性格が大きく反映している。

　これまで，センター試験については，毎年，各業者の詳細な分析が行われ，その結果は高校教員を対象にした「センター試験分析会」等といった名称で周知・共有されてきた。そして，そうした分析と関連して，毎年のように受験技術に特化した参考書・問題集等が出版され，多くの受験生の支持を集めてきた。テストスキルを中心に扱い，その伝達・訓練に特化した能力を有す

るものの典型が予備校講師であろうが，特に18歳人口が一時的に200万人を超え，4年制大学の女子進学率が上昇した昭和末期から平成初め頃にかけては，そうしたスキルの伝達に特化した予備校講師が多く出現した時期でもあった。タレント予備校講師が巷の話題となったのもその頃である。

　他方で，センター試験の問題自体も，業者等の分析やテストスキルによって本来の目的とする測定性能が影響を受けることのないよう，可能な限りの質的改善等がなされてきた。国語の現代文を例に挙げると，テクストの部分理解にとどまらず，全体内容の理解力を確認する対話形式の問題，テクストの構造・構成理解の問題等も出題されている。対話形式の問題は，テクスト内容に関する日常的会話で構成されており，テクストの全体内容とその論理に関する理解度の測定を目指したものと言っていいだろう。具体例の提示は省くが，所与の条件の範囲内で，様々な工夫がなされてきたことがわかるのである。最近の予備校講師には，スキルの伝授だけでなく，その教科・科目の本質に関する指導，あるいは受験勉強を超えた学問研究の本質まで伝えようとする講義が多いと聞くが，その背景にはセンター試験の問題がより深い知識や思考の本質を問うものに洗練され，スキルのみでは正解に至ることが困難なものになってきたこともあろう。

　なお，こうした影響に関しては，十分な論証が難しいために，これまであまり論じられたことはないかもしれない。だが，これらは多くの受験関係者にとって共通の了解事項となっているものであろうし，入試制度の変更に直接的な影響力は持たないにせよ，その影響には看過できないものがある。

　ちなみに，平成29年（2017年）と平成30年（2018年）実施の試行調査（プレテスト）国語について，令和元年（2019年）8月に河合塾が実施した「第5回高大接続改革シンポジウム」の配布資料では，「過去二回の試行調査を見る限りこれまでと同様の学習で対応は十分可能だと思われる。懸念があるとすれば，大問数が5に増えたことと試験時間が長くなったこと，そして漢文自体の問題というよりも現代文の記述問題が大きく影響する可能性があることから，今まで以上に時間配分等についての配慮が必要であろう」とまとめている。受験業界の分析と対策，テストスキルの開発は相当に進んでいるのである。

4．国語（古典）問題にみる出題傾向と設問の変化

さて，共通1次からセンター試験において，試験問題は具体的にどう変化していったのか。ここでは国語（古典）の問題について取り上げる。まず問題構成であるが，第1回目である昭和54年（1979年）実施の共通1次は，大問1・2が評論，大問3が小説だったが，その後昭和55年（1980年）から昭和59年（1984年）までは大問数5題は変わらないものの大問1が評論（50点），大問2が随想等（45点），大問3が小説（45点），大問4が古文（30点），大問5が漢文（30点）となった（配点は84年本試験による）。そして，1985年からは学習指導要領改正に伴う移行期ということもあり，大問5題から4題に変化し，配点もセンター試験と同様になる。そのあたりの推移について，共通1次からセンター試験黎明期に焦点化し，設問数とあわせて表7-1に簡単に整理する。

大問数が減った昭和60年（1985年）以降も試験時間は100分であり，古文・漢文の設問量が増えていることが確認できよう。なかでも古文については，昭和60年（1985年）から昭和61年（1986年）は設問が問10まであり，内容的にも多岐にわたるものであった。1985年にはいわゆる教科書教材の『おくの細道』冒頭部分と併せて現代文による批評文を提示し，その空欄補充を

表7-1．国語試験問題における設問構成と配点

	共通1次						センター試験		
	1985年より移行措置の実施						1990年より完全実施		
試験時間	100分						80分		
実施年	1984年			1985年〜1989年			1990年〜1993年		
項目	分野	配点	設問数	分野	配点	設問数	分野	配点	設問数
大問1	評論	50	6	評論	50	7〜8	評論	50	6
大問2	随想	45	7	小説	50	7〜8	小説	50	6
大問3	小説	45	7	古文	50	7〜10	古文	50	6
大問4	古文	30	6	漢文	50	8〜9	漢文	50	6
大問5	漢文	30	6						

※いずれも本試験。また設問数について枝問はカウントしていない。

求めるなど，様々な試みがなされたことなども挙げられる。他方，漢文については，昭和60年（1985年）は前年比で本文文字数が1.2倍程度になり，部分解釈を問う設問が増加したものの，内容的にはそれまでと異なる出題はなされていない。

　また，センター試験試行テスト以降，古典文法あるいは敬語等に関する設問が一つ用意される点はほぼ安定しており，特に平成6年（1994年）以降では，それが設問2に固定された感もある。ただし，かつて出題されたようなテクスト理解とは無関係な設問ではなく，ほぼ，テクストの文脈理解に関連した設問になっている。

　その他，共通1次からセンター試験を通じては，文学史問題も頻繁に出題されていた。典型例としては，センター試験試行テストでの『建礼門院右京大夫集』の著者とほぼ同時代の歌人を，和泉式部，在原業平，飯尾宗祇，藤原定家，吉田兼好の5人から選択させる問題などが挙げられる。この設問などは，文学史というよりむしろ日本史の内容に近いものであろう。文学史についてはその後も何度か出題されたが，受験生にとって単純な「知識の有無を問う」問題であり，高校関係者の間でも不評だったように思われる。なお平成13年（2001年）実施の本試験では，文学史的知識を複数組み合わせた重文構造を持つ選択肢で構成された設問があったが，これなどは，高校側の対策を想定し，正答率に配慮した上で複雑化した文学史問題の典型と言えるだろう。ちなみに，文学史問題は平成14年（2002年）を最後に単独の選択肢としては出題されておらず（選択肢の一部に組み込まれたことはある），またその頃から単純な「知識の有無」を問う設問は減少してきたように思われる。

第3節　共通1次と試行調査の国語試験問題にみる「思考力・判断力・表現力」

1．平成30年度試行調査（プレテスト）の国語試験問題・漢文について

　このように，共通1次からセンター試験において，様々な形で試験問題は変化してきたが，この2年間の試行調査についてはどうであろうか。これまで試行調査は2回行われたが，その都度，詳細な分析がなされるとともに，

問題構成や設問数，内容についても再検討のうえ，適宜修正されてきた。第1回の平成29年度試行調査以降，国語は100分で実施されたが，第1回の際に試験時間の短さが指摘されており，第2回調査ではその点を考慮したものになった。大学入試センター（2018）の「平成30年度試行調査（プレテスト）の問題作成における主な工夫・改善等について」を見ると，「複数の題材を提示する場合には特に文章量に配慮し，全体として2,000字程度の減とした。」という記載がある。このうち漢文分野では，第1回に比較して本文の情報量が減少するとともに，設問数も8となっている（第1回の設問数は10）。

　また，同漢文では，出題のねらい（大学入試センター，2019c）として「故事成語の出典となる文章（現代語訳）と漢文とを題材として提示し，テクストの比較を通して，登場人物の心情や言動の意味等をとらえ，漢文を的確に理解する力を問う。」と述べられており，現代文や古文と同様に複数テクストの提示がなされていた。設問についても複数人の対話形式によるものがあるが，これはセンター試験の現代文では定番形式と言えるもので，漢文においても平成22年（2010年）実施のセンター試験追試験などで出題されている。

　なお，本文テクストの漢文部分（劉基『郁離子』）については，昭和59年（1984年）に実施された共通1次追試験と全く同じである。ただし，本文に付した傍線部については一部重なるものがあるものの，完全に同じ設問はない。

2．試行調査と共通1次追試験における漢文試験問題の比較

　以下，上述した両試験（平成30年度試行調査と昭和59年（1984年）実施の共通1次追試験）の漢文分野の設問内容とそこで問われている資質・能力について簡単に比較検討してみる。同じテクストを用いつつも設問が異なるとすれば，調査あるいは試験のねらいとするものが異なっている可能性が大きいと判断されるからである。

　昭和59年（1984年）実施の共通1次追試験（以下，「追試験」とする）は設問数が6題から成っていたが，問5の訓読に関する問題を除き，傍線部分については全て訓点が施されている。他方，平成30年度試行調査（以下，

表7-2．試行調査と追試験における設問構成・内容比較

試　験	追試験		試行調査	
実施年	1984年		2018年	
本　文	漢文部分のみ		漢文部分と故事成語の現代語訳	
項　目	配点	設問内容	配点	設問内容
設問1	4	部分解釈	4	語の意味
設問2	5	部分解釈	4	語の意味
設問3	5	部分解釈	7	訓点と書き下し文
設問4	5	部分解釈	7	書き下し文と解釈
設問5	4	書き下し文	7	部分解釈
設問6	7	趣旨把握	7	会話文空欄補充（故事成語の意味）
設問7			7	会話文空欄補充（文脈把握）
設問8			7	会話文空欄補充（趣旨把握）
合計点	30		50	

「試行調査」とする）では，問4に返り点が施されている以外，傍線部分は全て白文である。両試験における設問形式と，そこで問われる内容について簡単に比較してみる（表7-2）。

　追試験は，設問1から設問4までについて，設問文が「～どういう意味か」という文末を持つ部分解釈を問う問題であり，設問5がそれまでの文脈理解を踏まえて書き下し文を答える問題，最後の設問6は本文の主張の趣旨を答える問題である。

　少し踏み込んで見てみると，設問1は漢字の字義と返り点から正解を判断する問題であり，設問2・3は句法（それぞれ使役形と可能形）と字義から，設問4は指示内容と字義と句法（疑問形）から判断する問題である。設問1から4になるにつれて，より多くの知識とそれを用いた判断力が要求される問題になっているものと思われる。ただし，難易度自体は選択肢構成によっても調整できるため，設問の難易度自体がそのまま正答率に直結するものでないことは勿論である。設問5は，傍線部の直前部分の正確な解釈と傍線部の句法理解から判断する問題で，解釈力と句法理解とが問われる難度の高い

設問となっている。そして設問6では本文全体の内容把握と論理展開に対する理解をもとに正解を導き出すことが求められている。

　他方，試行調査の場合，設問1・2はともに語彙に関する問題，設問3は訓点の付け方と書き下し文との組み合わせ，設問4は書き下し文と解釈との組み合わせであり，設問5は文脈と語彙知識から解釈を導き出す問題となっている。また設問6から8は会話文補充形式となっており，設問6が故事成語の意味を問う問題，設問7が文脈理解，設問8が本文の主張を問うものとなっている。

　このうち設問1・2の語彙問題について大学入試センター（2019c）で示した「問題のねらい」等には，「思考力・判断力・表現力」の欄に，「テクストにおける語句の意味や比喩等の内容を適切にとらえることができる。」とある。しかしながら設問1については，一見して正解以外を選ぶ可能性は考えられにくく，容易な設問である。設問2についてもほぼ同様であり，話の骨格の理解だけで正解を導き出すことが可能であろう。設問3・4については，各選択肢における訓点と書き下し文，書き下し文とその解釈の組み合わせは一致しており，それぞれ，訓点と書き下し文とが正解を導き出すためのヒントになっている。設問6は故事成語「朝三暮四」の意味を問う単純な問題である。なお，設問6から設問8のねらいとしては「テクストに含まれている情報を統合したり構造化したりして，内容を総合的に解釈し，テクストに対する考えを説明することができる。」（大学入試センター，2019c）とされている。

　以上，設問ごとに概観したが，試行調査の方がより多面的な設問設定がなされているものの，正確な知識やより深い思考力が要求されているのは追試験の方であるような印象を受ける。

3．試行調査と共通1次追試験漢文に関する小調査

　こうした点を踏まえ，両テストにおける設問の難易度，識別力等について，高校生を対象に実施した小調査の結果を挙げつつ検討する。

　調査は，令和元年（2019年）7月に筆者の勤務校3学年生徒30人について実施した。両問題を解く際には，最初に解いた問題の知識や思考過程等による，後に解いた問題への影響，いわゆる正の転移が想定されるため，追試験

から解くグループ（グループA）と，試行調査から解くグループ（グループ
B）に分け，解答後には各問題に関する難易度の印象も記入してもらった。
なお，データの安定性を考慮し，最終的に各グループとも分析対象者数は14
人に調整している。サンプルサイズが極めて小さく，母集団特性を推定する
ものとは言えないが，正答率等を見ると大学入試センター公表値と比較して
大きな齟齬は認められず，また，設問分析と併せて分析対象とする以上，参
考データとして用いることは許されるだろう。以下，正答率から示す（表
7-3）。

　設問により違いはあるものの，一見してグループBが総じて高い正答率
であることが確認できる。また，後に解いた試験への正の転移は想定される
ものの，正答率を見る限りにおいては，現在の高校生にとって問題の難度は
追試験の方が高いといえる。実際に受験者の事後アンケートではほとんどが
追試験の方が難しかったと答えていた。
　それぞれの調査の正答率に着目すると，追試験では両グループとも設問
2・3の低さが目立つとともに，グループAでの設問5の低さが際立ってい
る。ただし，設問5は読みの問題であり，試行調査のテクストに当該箇所

表7-3．試行調査と追試験における設問別正答率（%）

試験別	追試験				試行調査				
本　文	配点	グループA	グループB	全体	配点	グループA	グループB	全体	公表値
設問1	4	78.6	92.9	85.7	4	100.0	100.0	100.0	74.0
設問2	5	28.6	57.1	42.9	4	78.6	85.7	82.1	65.9
設問3	5	35.7	57.1	46.4	7	78.6	78.6	78.6	51.2
設問4	5	64.3	78.6	71.4	7	50.0	57.1	53.6	33.8
設問5	4	28.6	64.3	46.4	7	78.6	71.4	75.0	32.9
設問6	7	57.1	78.6	67.9	7	78.6	71.4	75.0	51.4
設問7					7	57.1	78.6	67.9	37.5
設問8					7	42.9	57.1	50.0	36.7
合計	30	48.8	71.4	60.1	50	70.5	75.0	72.8	

（$N=28$，各グループ$=14$）

※試行調査の公表値は，大学入試センターによる。
※正答率の合計値は，当該グループの各設問に対する正答者数の合計を，グループ人数と設
　問数の積で除したものである。

の訓読が示されているために，その記憶が残っているグループBの生徒にとっては容易な設問だったと言える。設問2・3は句法や字義の正確な理解をもとに，傍線部分の意味内容を問うものである。ただし，選択肢が単なる現代語訳ではなく意訳されているために難度が高いものとなっている。

　他方，試行調査では両グループとも設問4・8が低い。設問4は主語と漢字「昏」の意味理解をもとに解答するものであるが，「昏」が「黄昏」等の熟語にあるような「昏い」という意味を持つことを理解しているかどうかで正答か否かが決定されるだろう。その点，単独の知識的要素が強い設問のように思われる。設問8はテクスト全体の趣旨理解を問う設問であり，全体の概要を正確に理解していないと正解を導き出すことは難しい。

　次に，各設問得点と総点との相関を示す。相関については大学入試センターから出された試行調査の結果分析（大学入試センター，2019a，b）にも若干記載されているが，本調査の相関値も，漢文分野全体の得点から当該設問を除いたものと当該設問との得点との相関である。設問内容と併せて挙げる（表7-4）。

　一見して追試験の場合，各設問得点と総点との相関は比較的安定している。

表7-4．　試行調査と追試験における各設問と総点の相関

試験別	追試験			試行調査		
本　文	配点	全　体	設問内容	配点	全　体	設問内容
設問1	4	0.389	部分解釈	4	（※）	語の意味
設問2	5	0.401	部分解釈	4	-0.248	語の意味
設問3	5	0.241	部分解釈	7	0.358	訓点と書き下し文
設問4	5	0.272	部分解釈	7	0.371	部分書き下し文と解釈
設問5	4	0.220	書き下し文	7	-0.056	部分解釈
設問6	7	0.129	趣旨把握	7	0.188	故事成語の意味
設問7				7	0.311	文脈把握
設問8				7	0.471	趣旨把握
合計	30			50		

（相関係数はピアソンによる。N＝28）

ただし最後の設問 6 だけは，他から独立性が高い全体の趣旨把握であるため，他の設問に比して相関が低い。設問 1 から設問 4 は，基本的に字義と句法の知識をもとに，文脈を丁寧に辿りながら正解を導く問題であった。

　他方，試行調査においては，まず設問 1 が全員正解のために算出不可能（※で表記）である。また，設問 2 と設問 5 は総点に対して負の相関になっている。設問 2 は文脈をふまえて語の意味を試す問題，設問 5 は「昏い」の意味理解が正解・不正解を分ける問題であり，本文テクストの正確な内容理解との関係は希薄な設問である。設問 6 についても相関が低いが，これは故事成語「朝三暮四」の意味について答える問題であり，本文テクストに【文章一】として簡単な要約が提示されているものの，基本的には本文テクストとは関係性が低い知識問題とも言えるだろう。

　このように見てくると，追試験は，明確に「知識・理解」を問う設問によって構成されているために，各設問の相関が高いと判断でき，試行調査では単独の知識に近いものから，テクスト内容の部分理解，趣旨理解と多岐に及ぶために，相関の低い項目が多くなっているとは言えまいか。ただし，全体との相関が低い設問が多いということは，測定したい資質・能力とは関係が薄いといった否定的価値とは直結しない。測定目標とする資質・能力自体が，直接的連関が薄い複数の項目の総体と言える場合もあるからである。

◆◇◆

第 4 節　大学入学共通テストが測定する資質・能力とは

1．いわゆる「学力の三要素」と試験問題

　経緯の詳細はともかくのこと，学力の三要素は平成19年（2007年）の学校教育法の改正で提示された小学校の教育目標に関する文言を簡略化した「知識・技能」「思考力・判断力・表現力」「主体的に学習に取り組む態度」に依拠したものである。それらは高大接続改革にも反映され，その答申（中央教育審議会，2014）では学力の三要素を「社会で自立して活動していくために必要な力」から捉え直し，「これからの時代に社会で生きていくために必要な，『主体性を持って多様な人々と協働して学ぶ態度（主体性・多様性・協働性）』を養うこと」「その基盤となる『知識・技能を活用して，自ら課題を

発見しその解決に向けて探究し，成果等を表現するために必要な思考力・判断力・表現力等の能力』を育むこと」，「さらにその基礎となる『知識・技能』を習得させること」とされている（p.6）。これによれば，学力の三要素には，一種の階層性あるいは包含性・相互性が認められることになる。さらに，その後の「高大接続改革の動向について」（文部科学省高大接続改革 PT, 2017）では「①知識・技能の確実な習得」「②（①を基にした）思考力，判断力，表現力」「③主体性を持って多様な人々と協働して学ぶ態度」（p.4）となっている。このうち，③のみは文言が「態度」となっており，その点から非認知的な力といってよいと思われるが，認知的能力を基礎にして最終的に質の高い非認知的な力に至るといった三要素間の関係はみられない。同答申（文部科学省高大接続改革 PT，2017）は，これまでの流れを簡略に表記したものとも解釈できるが，管見の限り，学力の三要素は時に独立したものとして扱われ，時に階層性や包含性・相互性を持ったものとして扱われているようにも見えてしまうのである。

　また，上述の高大接続改革答申（中央教育審議会，2014）では，センター試験の廃止と新テストにも触れている。そこでは，「『知識・技能』を単独で評価するのではなく，『知識・技能』と『思考力・判断力・表現力』を総合的に評価するものにしていくことが必要である。」とし，「このため，現行の大学入試センター試験を廃止し，下記のような新テスト『大学入学希望者学力評価テスト（仮称）』を新たに実施する。」とされている（pp.14-15）。

　共通テストが，こうした高大接続改革に関わる議論から生み出されたものであれば，解釈や扱い・周知の仕方に不安定さを持つ学力の三要素に依拠し，その要素を満たしていると判断されるような問題作成をしていくことには一種の困難さが伴うとも言えるだろう。

　前節の小調査からも確認されたように，試行調査においては本文テクストの内容とは乖離した設問や，単純な知識問題，総点とは相関の低い設問が散見される。仮に相関の低い設問で構成された試行調査で測定されるものが「資質・能力」全体であるとするなら，今後実施される共通テストの内容及び測定性能についてはどのように評価すればよいのだろうか。そこには共通な，あるいは共通に底流するもの，階層性を有するものなどは存在しないのではないかとも思われるのである。そもそも相関のない独立した資質・能力

に関する測定を行うのが共通テストなのか，多様な資質・能力を測定するため意図的に相関の低い項目を多く入れたのか，その点については不明である。

2．大学入学共通テストと学力の三要素

　高大接続改革答申（中央教育審議会，2014）には，「高大接続改革と歩調を合わせて学習指導要領を抜本的に見直し，育成すべき資質・能力の観点からその構造，目標や内容を見直すとともに，課題の発見と解決に向けた主体的・協働的な学習・指導方法であるアクティブ・ラーニングへの飛躍的充実を図る。」（p.10）とある。こうした点とその後の動きから，共通テストは，学習指導要領を体現する存在としての役目に担うことになったのであろうが，例えば荒井（2018）にもあるように，共通テストが小学校から高校，大学を貫く「学力の三要素」を柱に資質・能力の育成を図るという図式のもとに実施されるとすれば，共通テストの問題の質はどうなるだろうか。これまで述べてきた試行調査問題の検討から想定されるように，学力の三要素の測定という目的を達成するために相関の低い複数の設問を並列した形になる可能性が高いものとも思われる。

　確かに，学習指導要領改訂に関わる中教審答申（中央教育審議会，2016）では，「知識や技能は，思考・判断・表現を通じて習得されたり，その過程で活用されたりするものであり，また，社会との関わりや人生の見通しの基盤ともなる。このように，資質・能力の三つの柱は相互に関係し合いながら育成されるものであり，資質・能力の育成は知識の質や量に支えられていることに留意が必要である。」とあり，三要素の関係性について若干触れられてはいる。だが，それがテストという形で測定が可能になるのか。特に，「高大接続改革の動向について」（文部科学省高大接続改革PT，2017）にもある「③主体性を持って多様な人々と協働して学ぶ態度」（p.4）ような非認知的なものについてどう扱うのか，そうした点がまだ不明である。

　2回の試行調査に先行するモデル問題（大学入試センター，2017）では，二つのテクスト内容がそれぞれ市の景観保護ガイドラインに関する親子の議論と，駐車場の契約書の読解であった。ともに現行学習指導要領の言語活動例で示されている「実用的な文章」の読解に関するものである。そしてそこでは社会生活における様々な事象と「主体的に」関わろうとする姿勢が描か

れている。平成29年度試行調査では，記述式問題において生徒会執行部の「主体的な」活動が取り上げられており，大問5の漢文では『史記』に描かれた太公望呂尚に関する「主体的な」調べ学習を話題とし，呂尚を取り上げた佐藤一斎の漢詩を挙げてその紹介文を作成するという内容になっている。また，先述した平成30年度試行調査の漢文の内容は，それまで支配－服従関係に置かれていた猿たちが，「主体的思考・判断」のもとに狙公のもとから集団脱走した話である。同調査の大問2では，実用的な文章として著作権法の抜粋とそれに関する解説的文章が取り上げられている。

　こうしてみると，「主体性」はそれ自体を設問として扱えないため，あくまでテクスト内の話題として含まれているように思われる。「平成30年度試行調査（プレテスト）の問題作成における主な工夫・改善等について」（大学入試センター，2018）では，「大学教育の基礎力としてどのような知識・技能や思考力・判断力・表現力を問うのかというねらいを明確にすること，高校において『どのように学ぶか』を踏まえることなどを基本的な方向性として問題を作成した。」とある。さらに「令和3年度大学入学者選抜に係る大学入学共通テスト問題作成方針」（大学入試センター，2019d）では，「『どのように学ぶか』を踏まえた問題の場面設定」として「高等学校における『主体的・対話的で深い学び』の実現に向けた授業改善のメッセージ性も考慮し，授業において生徒が学習する場面や，社会生活や日常生活の中から課題を発見し解決方法を構想する場面，資料やデータ等を基に考察する場面など，学習の過程を意識した問題の場面設定を重視する。」とある。モデル問題・2回の試行調査を見るかぎり，現行の学習指導要領の文言と「学力の三要素」について，それぞれの要素を可視的に満たすことに目配りした問題が作成・提示されているようにも思われる。ただし現時点では，目配りしすぎてある種の八方美人的な問題になってしまった感はぬぐえない。問題作成方針を見る限り，共通テストはその流れを踏襲したものとなるであろうが，実際はどうなるのだろうか。

第5節　おわりに

　本章では，共通1次試験から大学入試センター試験への移行，さらには大学入学共通テストの方向性と現在抱えていると思われる課題等について，国語の問題に焦点化しつつ議論してきた。なかでも，共通テストが体現しようしている学力の三要素についてはその扱われ方が多様であり，試行調査の問題を見るかぎり，それへの対応を巡っていまだ不安定な状況にあるものとも思われる。なお，共通テストについては複数テクストの提示も示されており，複数テクストを提示する以上，その比較や相違，関連付けによる思考の深まり等に関する設問は当然用意されるだろう。だが，複数テクストによる共通点の抽出となれば，テクストとして表現された言説の成立過程や，テクスト内に存在する無数のプレテクスト，一定の主張に至るまでの思考の迂回やそこに至るまでの逡巡等は全て捨象されることにもなりかねない。

　共通テストが，大学入学後の教育に必要な知識や能力・技能等の測定に有効に寄与するものになるかどうかは筆者では判断しようがないが，今後，問題がさらに検討され，三位一体改革が本来目指したものに少しでも近づくことに期待したい。なお，見送りが決定した記述式問題については，稿を改めて論じるつもりである。

　以上，高等学校での国語教育に携わる者の実感として，共通1次，センター試験，試行調査の例を挙げつつ社会状況等も踏まえて議論してきた。ただし，制度的変遷についての筆者の理解は全く不十分であろう。また，小調査の扱い方にも不備な点が多いものと思われる。筆者の理解の及ばない点，誤解と思われる点に関してはどうかご寛恕いただきたい。

文　献

荒井　克弘（2018）．高大接続改革・再考　名古屋高等教育研究，*18*，5-21．

中央教育審議会（2014）．新しい時代にふさわしい高大接続の実現に向けた高等学校教育，大学教育，大学入学者選抜の一体的改革について――すべての若者が夢や目標を芽吹かせ，未来に花開かせるために――（答申）文部科学省 Retrieved from https://www.mext.go.jp/b_menu/shingi/chukyo/chukyo0/toushin/1354191.htm （2020年1月14日）

中央教育審議会（2016）．幼稚園，小学校，中学校，高等学校及び特別支援学校の学習指導要領等の改善及び必要な方策等について（答申）文部科学省 Retrieved from https://www.mext.go.jp/b_menu/shingi/chukyo/chukyo0/toushin/1380731.htm（2020年1月14日）

大学入試センター（2017）．「大学共通テスト（仮称）」記述式問題のモデル問題　大学入試センター　Retrieved from https://www.dnc.ac.jp/daigakunyugakukibousyagakuryokuhyoka_test/model.html（2020年1月14日）

大学入試センター（2018）．平成30年度試行調査（プレテスト）の問題作成における主な工夫・改善等について　大学入試センター Retrieved from https://www.dnc.ac.jp/daigakunyugakukibousyagakuryokuhyoka_test/pre-test_h30.html（2020年1月14日）

大学入試センター（2019a）．大学入学共通テストの導入に向けた試行調査（プレテスト）（平成30年度（2018年度）実施）の結果報告 大学入試センター Retrieved from https://www.dnc.ac.jp/daigakunyugakukibousyagakuryokuhyoka_test/pre-test_h30.html（2020年1月14日）

大学入試センター（2019b）．（別冊）科目別分析結果　大学入試センター Retrieved from https://www.dnc.ac.jp/daigakunyugakukibousyagakuryokuhyoka_test/pre-test_h30.html（2020年1月14日）

大学入試センター（2019c）．平成30年度試行調査　問題，正解等　大学入試センター Retrieved from https://www.dnc.ac.jp/daigakunyugakukibousyagakuryokuhyoka_test/pre-test_h30_1111.html（2020年1月14日）

大学入試センター（2019d）．令和3年度大学入学者選抜に係る大学入学共通テスト問題作成方針 大学入試センター Retrieved from https://www.dnc.ac.jp/news/20190607-03.html（2020年1月14日）

倉元 直樹（2019）．大学入学者選抜における評価尺度の多元化と選抜資料としての調査書 東北大学高度教養教育・学生支援機構（編）大学入試における「主体性」の評価———その理念と現実———（pp.75-105）東北大学出版会

文部科学省高大接続改革PT（2017）．高大接続改革の動向について　Retrieved from https://www.mext.go.jp/component/a_menu/education/detail/__icsFiles/afield-file/2017/02/15/1381780_3.pdf（2020年1月14日）

大谷 奨（2019）．共通第1次学力試験の導入とその前後———何が期待され 何が危惧されたのか———　第30回東北大学高等教育フォーラム報告書，7-22.

第 **8** 章

入試を受ける側は「大学入試改革」を
どのように捉えているか
——学生質問紙調査結果の分析——

名古屋大学大学院教育発達科学研究科　教授・
教育基盤連携本部アドミッション部門　部門長　　石井　秀宗

名古屋大学教育基盤連携本部アドミッション部門　特任助教　寺嶌　裕登
名古屋大学教育基盤連携本部アドミッション部門　特任准教授　橘　春菜
名古屋大学教育基盤連携本部アドミッション部門　准教授　永野　拓矢

◆◇◆
第 1 節　本論の目的

　令和 2 年度（2020年度）に実施される令和 3 年度（2021年度）大学入試において，大規模な入試改革が行われる予定であった（文部科学省，2017a）。「大学入試センター試験」が「大学入試共通テスト」に変わることと，入試区分の名称が，AO 入試は総合型選抜，推薦入試は学校推薦型選抜，一般入試は一般選抜と，「入試」から「選抜」に変更される（文部科学省，2017b）ことは予定通り実施されるが，「改革」の目玉であった，大学入学共通テストの枠組みで民間試験を利用した英語 4 技能評価を行うこと，および，大学入学共通テストの国語と数学で記述式問題を出題することは，導入の約 1 年前という差し迫った時期になって結局見送られることになった（文部科学省，2019a, b）。なお，調査書などを用いた主体性等の評価（以下，主体性評価）を，AO 入試や推薦入試だけでなく一般入試で行うことは，引き続き求められている（文部科学省，2016）。

　これらの「改革」については，発案当初から多くの疑念や懸念が示されていた。英語 4 技能評価の民間試験の利用については，受験期間の長期化等による高校教育への影響，地域や経済格差等による受験機会の公平性の問題，異なる複数の試験を利用することによる公平性の問題，採点の質の問題など

である（例えば，南風原，2018）。記述式問題については，採点者の確保や教育，問題および採点の質や公平性の問題，大学入試センターからの成績提供時期が後ろ倒しになることによる入試スケジュールの過密化，高校教育への影響などが指摘されている（例えば，日本テスト学会，2018）。また，調査書等を用いた主体性評価については，評価者の主観等の公平性の問題，高校や教員間における調査書記載内容の格差の問題，評価先行や評価項目設定による主体的活動の阻害の問題，学内活動や学外活動への影響，評価にかかる教員等の負担の問題などが挙げられている（ベネッセ教育総合研究所，2014；小山，2017；関・植野・澤田・石田，2019）。

　これらの疑念や懸念はどれもまっとうなものであり，入試に携わる者は最善を尽くしてこれらの問題に対処しなければならないことは言うまでもない。一方で，これらの指摘の多くは受験させる側からのものであり，受験する側，すなわち受験生の視点が十分考慮されているとは言えない面もある。田中・宮本・倉元（2018）は，「大学入学希望者学力評価テスト（仮称）」の記述式問題のイメージ例（文部科学省，2015a）を用いて高校生を対象に調査を行い，それらの記述式問題は統計的思考や情報集約力を要求する問題だと受験する側は捉えていると報告している。高大接続システム改革会議が，記述式問題の導入の意義を「論理的な思考力・表現力の発揮」としている（文部科学省，2016）ことを考えれば，この結果は，受験させる側の意図と受験する側の受け止め方が必ずしも一致しないことを示している。その後，大学入学共通テストの試行調査（プレテスト）問題や，英語4技能民間試験の実施方法などの公表があり，受験させる側の入試改革のイメージが具体化するにつれ，さまざまな不備があらわとなり見送りに至った訳であるが，受験する側が入試改革をどのように捉えているかを示す資料は依然ごくわずかである。倉元・長濱（2018）において，大学入学者の質の担保には大学と受験生の相互関係の原則を無視することはできないと述べられているとおり，入試改革に対して受験する側がどのように考えているかを知ったうえで今後の方針を策定することは，各大学の入試においても重要である。

　そこで本アドミッション部門では，本学の入学者を対象に入試改革に関する質問紙調査を実施した。本稿ではその分析結果をまとめ，今後の対応に資する知見の提供を試みることとする。

第2節　調査の概要

　英語4技能評価，大学入学共通テスト記述式問題，主体性評価，調査書等の利用に関する質問紙調査を，名古屋大学の全学教育科目1科目，教育学部の必修科目と専門基礎科目の合計3科目の受講者を対象に，令和元年（2019年）4月の初回の授業終了後に実施した。留学生，聴講生を除き，学年別では，1年生99名，2年生以上62名，入試区分別では，一般入学者137名，推薦または編入試験入学者24名の，合計161名から得られた回答を分析対象とした。ただし，科目によって質問紙に含める項目に違いがあったため，各質問領域の回答人数は必ずしも同じではない（表8-1，8-2，8-3，8-4参照）。

　回答者の特徴をみてみると，教育学部の専門科目を利用したため，回答者のうち126名は教育学部生であり，同学部の1，2年生の大半が回答している。本学の教育学部は教員養成系ではなく，主として教育学，心理学を学ぶ学部であり，1年次の入学定員は65名である。回答者の中に理系学部の学生も少数いるが，155名は文系学部の学生である。また，本学入学者の多くは第1志望入学者なので，本意入学を果たした受験生の回答が多数と考えられる。学力的には高い層で，いわゆる進学校出身の学生が多い。4月初頭に調査を実施していることから，とくに1年生の回答は，大学に合格した受験生の回答とみることができると考えられる。

　以下，それぞれの分析結果について詳述する。

第3節　英語第4節能評価

1．質問項目

　民間試験を利用した英語4技能評価に関する10項目，「30. 日常的な英語を読む力がつくようになる」「31. 論理的な英語を読む力がつくようになる」「32. 日常的な英語を書く力がつくようになる」「33. 論理的な英語を書く力がつくようになる」「34. 日常的な英語を聴く力がつくようになる」「35. 論

理的な英語を聴く力がつくようになる」「36．日常的な英語を話す力がつくようになる」「37．論理的な英語を話す力がつくようになる」「38．真の英語力が測れるようになる」「39．学校の授業が良くなる」を回答者に提示し，『1．まったくあてはまらない』『2．あまりあてはまらない』『3．どちらともいえない』『4．まああてはまる』『5．とてもあてはまる』の5段階で評定を求めた。なお，以降の質問についても評定方法は同様である。

2．結果

各項目の平均（M）および標準偏差（SD）を表8-1に示す。項目は全体平均が高い順に並べてある。

「力がつくようになる」という8つの項目については，全般的には英語4技能のどの能力も高くなるという評価であるが，聴く力や読む力のほうが，書く力や話す力に比べ高く評価された。ただし，書く力については，「33．

表8-1．英語4技能評価導入の影響

項目番号	内容	学年				入試区分				全体 (N=155)	
		1年 (n=97)		2年以上 (n=58)		一般 (n=126)		推・編 (n=29)			
		M	SD	M	SD	M	SD	M	SD	M	SD
33	論理的な英語を書く力がつくようになる	3.44	1.01	3.48	0.94	3.44	0.96	3.55	1.09	3.46	0.98
34	日常的な英語を聴く力がつくようになる	3.48	1.12	3.40	0.97	3.44	1.09	3.48	0.99	3.45	1.07
35	論理的な英語を聴く力がつくようになる	3.38	1.04	3.48	0.98	3.41	1.04	3.45	0.91	3.42	1.01
31	論理的な英語を読む力がつくようになる	3.34	0.96	3.48	0.84	3.38	0.93	3.48	0.87	3.40	0.92
30	日常的な英語を読む力がつくようになる	3.40	1.15	3.26	0.97	3.32	1.06	3.45	1.18	3.34	1.08
32	日常的な英語を書く力がつくようになる	3.32	1.11	3.17	0.94	3.29	1.01	3.17	1.23	3.26	1.05
37	論理的な英語を話す力がつくようになる	3.23	1.08	3.31	0.99	3.25	1.08	3.31	0.93	3.26	1.05
36	日常的な英語を話す力がつくようになる	3.32	1.27	3.14	1.07	3.26	1.21	3.21	1.15	3.25	1.20
38	真の英語力が測れるようになる	2.95	1.20	2.79	1.02	2.90	1.15	2.83	1.10	2.89	1.14
39	学校の授業が良くなる	2.72	1.02	2.67	1.05	2.66	1.04	2.90	0.98	2.70	1.03

論理的な英語を書く力がつくようになる」の平均値は高いが，「32．日常的な英語を書く力がつくようになる」の平均値はそれほど高くなく評価が分かれた。話す力については，論理的にしろ日常的にしろ，力がつくと思われる程度は4技能の中で一番低い評価であった。

　学年別でみると，1年生では日常的な英語力，2年生以上では論理的な英語力が高くなると評価する傾向がみられた。

　入試区分別では，一般入学者よりも推薦・編入入学者のほうが，英語力がつくと評価する傾向が高かった。

　「38．真の英語力が測れるようになる」「39．学校の授業が良くなる」の2項目は平均値が3.0を下回っており，全体的にはやや否定的な回答傾向であった。「39．学校の授業が良くなる」は10項目中もっとも平均値が低く，とくに一般入学者，2年生以上で低い評価であった。

3．考察

　英語4技能の中で，民間試験の利用で力がつくようになると高く評価された技能は，話す力や日常的な英語を書く力ではなく，聴く力と読む力であった。回答者の多くは，高校時代に英検やGTECなど英語4技能を評価する試験を受験した経験がある。そうした学生の回答において，話す力や日常的な英語を書く力よりも，聴く力や読む力のほうがつくという結果であったことは興味深い。これらの能力は，令和3年度（2021年度）入試から始まる大学入学共通テストの英語で測るとされている能力（リスニング，リーディング）であり，受験生は，民間英語試験も，聴く力や読む力の育成には有効であるが，話す力や書く力の育成にはそれほど有効ではないと考えていることになる。現時点でも高校生の英語力は，話す力や書く力よりも，聴く力や読む力のほうが高い（文部科学省，2018）。英語を話したり書いたりする必然性がほとんどない現在の日本の学校においては，いくら試験で課してもこれらの能力の育成には限界があると受験生は考えていると推察される。

　1年生では日常的な英語力，2年生以上では論理的な英語力が高くなると評価する傾向がみられたのは，1年生に比べ2年生以上のほうが，大学の授業で学術的，専門的な英語に接する機会が多く，論理的な英語力の必要性を意識しているためと考えられる。

一般入学者よりも推薦・編入入学者のほうが全般的に平均値が高かったのは，推薦・編入入学者のほうが学習意欲が高く（石井，2012），いろいろなことに積極的であることによって説明できる。推薦・編入入学者は，入試において志願理由書，推薦書，面接など，学力試験以外の多面的評価も経て入学した学生である。一方，一般入学者は学力検査のみであり，中には推薦入試で不合格となって一般入試で合格した入学者もいる。よって，推薦・編入入学者のほうが多様な試験に対してより肯定的になる素地があり，英語民間試験にもより前向きに取り組むと考えられる。竹内（2018）では，外部試験の利用により多くの生徒が学習意欲の向上を感じるとされているが，本調査の結果ではとくに推薦・編入入学者でその傾向が強いことが確認された。後にも説明するが，推薦・編入入学者のほうが肯定的な評価をすることは，英語4技能評価だけでなく，記述式問題，主体性評価，調査書等の利用についてもみられる。

　「38．真の英語力が測れるようになる」「39．学校の授業が良くなる」の2項目については，記述式問題についても同様の質問項目があるので，次節であわせて検討する。

◆◇◆

第4節　大学入学共通テスト記述式問題

1．質問項目

　大学入学共通テストの国語と数学で記述式問題が出題されることに関する8項目，「21．文章を読む力がつくようになる」「22．情報を整理する力がつくようになる」「23．思考力がつくようになる」「24．条件にあった文章を書く力がつくようになる」「25．論理的な文章を書く力がつくようになる」「26．情報を活用する力がつくようになる」「27．真の学力が測れるようになる」「28．学校の授業が良くなる」を回答者に提示し，『1．まったくあてはまらない』『2．あまりあてはまらない』『3．どちらともいえない』『4．まああてはまる』『5．とてもあてはまる』の5段階で評定を求めた。

表8-2.　記述式問題導入の影響

項目番号	内容	学年				入試区分				全体 ($N=155$)	
		1年 ($n=97$)		2年以上 ($n=58$)		一般 ($n=126$)		推・編 ($n=29$)			
		M	SD	M	SD	M	SD	M	SD	M	SD
24	条件にあった文章を書く力がつくようになる	4.04	0.95	3.88	0.80	4.01	0.88	3.86	0.95	3.98	0.89
25	論理的な文章を書く力がつくようになる	3.84	1.07	3.69	0.84	3.76	0.98	3.86	1.03	3.78	0.99
23	思考力がつくようになる	3.74	1.09	3.78	0.80	3.71	1.01	3.97	0.87	3.75	0.99
22	情報を整理する力がつくようになる	3.68	1.07	3.66	0.87	3.64	0.97	3.79	1.11	3.67	0.99
26	情報を活用する力がつくようになる	3.45	1.03	3.38	0.99	3.37	1.02	3.69	0.97	3.43	1.01
21	文章を読む力がつくようになる	3.30	1.12	3.41	1.01	3.29	1.06	3.59	1.12	3.34	1.08
27	真の学力が測れるようになる	2.77	1.20	2.81	0.98	2.77	1.18	2.86	0.83	2.79	1.12
28	学校の授業が良くなる	2.40	0.95	2.60	1.06	2.42	0.97	2.72	1.10	2.48	1.00

2．結果

　各項目の平均（M）および標準偏差（SD）を表8-2に示す。もっとも平均値が高かった項目は「24．条件にあった文章を書く力がつくようになる」であり，平均値は3.98と高かった。論理的表現力，思考力，情報整理力，情報活用力がつくということも肯定的に評価されていた。

　学年別では，文章を書く力や情報を整理・活用する力がつくことは1年生のほうが高く評価していたが，思考力や文章を読む力がつくことについては，2年生以上のほうがやや高く評価していた。

　入試区分別では，一般入学者が条件にあった文章を書く力がつくことをより高く評価しているのに対し，論理的表現力，思考力，情報整理力，情報活用力，文章を読む力がつくことについては，推薦・編入入学者のほうがより高く評価していた。

　「27．真の学力が測れるようになる」「28．学校の授業が良くなる」の2項目は，民間試験を利用した英語4技能評価（表8-1参照）と同様に平均値が3.0を下回り，全体的には否定的な回答傾向であった。

3. 考察

「24. 条件にあった文章を書く力がつくようになる」の平均値が 5 段階評定の上から 2 番目である 4 程度になったということから，少なくとも本学受験生においては，記述式問題はそのような評価がなされるものであるということがわかる。本学の文系学生のほとんどは，個別学力検査において国語（または小論文）で記述式問題を経験している。そこでは，「問題文の正確な読解力と思考力，そして解答をまとめる表現力」が問われており（名古屋大学，2019），回答傾向をみても確かに，思考力，論理的表現力などの力がつくようになると評価されているが，「何字以内で書きなさい」などの条件が課されているため，「24. 条件にあった文章を書く力がつくようになる」という項目の評定も高くなったと考えられる。

思考力，論理的表現力，また，情報整理力，情報活用力などの力がつくようになるという記述式問題に対する肯定的評価は，大学入学共通テストへの記述式問題の導入を好意的に捉えているようにみえるが，これは，公平・公正な試験がなされることを前提にした評価であることに気をつける必要がある。今回の質問紙調査では，記述式問題の実施の問題点などには一切触れずに，各項目に対する評定を求めた。調査時点ではまだ実施にむけて準備が進められていた。ほとんどの学生は，試験を受けることはあっても，試験を作成したり実施した経験はない。また，試験の結果に一喜一憂することはあっても，試験問題の良否を検討するという発想は普通持たない。したがって，回答者は，記述式問題が本学の個別学力検査のように適正に実施されるという前提で回答したと考えるのが自然であり，採点の公平性や試験の実施可能性等の問題が指摘されている大学入学共通テストの記述式問題そのものを肯定的に評価している訳ではないと解釈する必要がある。回答者の中には，大学入学共通テストの試行調査（プレテスト）を受験した者が一定数存在すると思われるが，試行調査の実施規模を考えれば多数を占めるとは考えがたい（大学入試センター，2018など）。大学入学共通テストへの記述式問題の導入については，公平性や実施可能性などの問題に対する受験生の考えも十分考慮しながら議論する必要があると考えられる。

1 年生では文章を書く力や情報を整理・活用する力がつくこと，2 年生以上では思考力や文章を読む力がつくことをより高く評価しており，1 年生は

解答を書くこと，2年生以上は解答を考えることをより意識していることがうかがえる。1年生は受験を終えたばかりで試験をより身近なものとして感じること，2年生以上は大学で学術書や文献を読む経験が増えたことにより，このような回答傾向になったと考えられる。

　入試区分別では，先にも述べたように推薦・編入入学者のほうが全般的に肯定的な評価である。特徴的なのは，平均値がもっとも高い項目が，推薦・編入入学者では「23. 思考力がつくようになる」であるのに対し，一般入学者では「24. 条件にあった文章を書く力がつくようになる」であることである。同じ教材でも取り組み方によって学習効果は異なる。推薦入試や編入試験で合格する受験生は，一般入学者が条件あわせの問題に過ぎないと評価するような問題も思考力を養う問題として活用して能力を高め，合格していくのかもしれない。

　「真の学力」とは，文部科学省によれば「知識・技能」「思考力・判断力・表現力」「主体性を持って多様な人々と協働する態度」の3要素で構成される力であるが（文部科学省，2015b），すべての人がこのように理解をしているとは考えにくい。それでも，「真の学力」と言われれば，単に暗記した知識ではなく，いろいろな知識を組み合わせて活用する力であったり，自ら問題を発見して解決する力であったり，問題を探究して解決に挑む力というものが，多くの人にイメージされよう。今般の入試改革では，記述式問題の導入や英語民間試験の利用などにより，情報を整理して文章を書く力や英語4技能など「真の学力」を育成することができるとされていたが，回答者の反応をみると，「27. 真の学力が測れるようになる」および「38. 真の英語力が測れるようになる」の評定平均は3.0を下回っており，全体的には真の学力の育成には否定的な傾向となっている。試験が適正に行われた場合の効果については肯定的に評価されていることを考えると，この回答傾向は，試験というものに対する批判，すなわち，評価されることを意識した学力など真の学力ではなく，真の学力は試験で育成できるものではないという意識の表れであることが考えられる。また，もしかしたら，公平性や実施困難性の問題など，記述式問題や英語民間試験利用の問題点を意識した回答かもしれない。いずれにせよ受験生は，どのように試験を工夫しようとも，入試で身につく学力は試験に合格するための受験学力と捉えているといえるであろう。

「学校の授業が良くなる」という項目についても，英語4技能評価，記述式問題ともに平均値が3.0を下回り，全体としては否定的な回答傾向であった。この結果は，英語4技能民間試験や記述式問題を肯定的に評価する高校生の割合が極端に低いこと（倉元・長濱，2018）とも整合し，受験生一般の意識といえる。一方で，自分が経験したものを良しとし，それが変わることを嫌うのは多くの人に共通した傾向である。「昔は良かった」とか「最近の若い者は」などはその典型である。入試改革によって学校の授業にも何らかの影響があることは回答者にも容易に想像でき，それが否定的な回答傾向につながった面もあると理解することもできる。重要なことは，実際に授業を受ける生徒たちにとって良い授業になることである。先輩たちの懸念が的中しないことを願いたい。

◆◇◆
第5節　主体性評価

1．質問項目

　一般入試において主体性評価が求められていることに関する9項目，「41.生徒が主体的に活動するようになる」「42.大学入学前に留学を経験する生徒が増える」「43.部活動が楽しくなる」「44.委員会活動が楽しくなる」「45.学校行事が楽しくなる」「46.課外活動が楽しくなる」「47.生徒が教師の目を気にするようになる」「48.いろいろな活動をさせられるようになる」「49.学校生活が窮屈になる」を回答者に提示し，『1．まったくあてはまらない』『2．あまりあてはまらない』『3．どちらともいえない』『4．まああてはまる』『5．とてもあてはまる』の5段階で評定を求めた。

2．結果

　各項目の平均（M）および標準偏差（SD）を表8−3に示す。1年生における平均と標準偏差も表には示してあるが，1年生の回答者は9名と少ないため，学年別の検討は控えることとする。
　英語4技能評価や記述式問題とは異なり主体性評価においては，一般入学者と推薦・編入入学者の間で回答傾向が異なる項目がみられた。

表 8 - 3．主体性評価導入の影響

項目番号	内容	学年				入試区分				全体 ($N=66$)	
		1 年 ($n=9$)		2 年以上 ($n=57$)		一般 ($n=50$)		推・編 ($n=16$)			
		M	SD	M	SD	M	SD	M	SD	M	SD
47	生徒が教師の目を気にするようになる	4.33	0.50	4.18	0.78	4.22	0.68	4.13	0.96	4.20	0.75
48	いろいろな活動をさせられるようになる	4.00	0.87	4.18	0.68	4.14	0.70	4.19	0.75	4.15	0.71
49	学校生活が窮屈になる	4.22	0.83	3.66	0.79	3.74	0.85	3.73	0.70	3.74	0.82
41	生徒が主体的に活動するようになる	2.44	1.13	3.49	0.98	3.18	1.04	3.88	0.96	3.35	1.06
42	大学入学前に留学を経験する生徒が増える	2.67	1.12	3.07	1.04	2.90	1.07	3.38	0.96	3.02	1.05
45	学校行事が楽しくなる	2.00	0.71	2.79	1.08	2.52	0.99	3.19	1.17	2.68	1.07
46	課外活動が楽しくなる	2.11	0.78	2.67	1.04	2.50	1.04	2.88	0.96	2.59	1.02
43	部活動が楽しくなる	1.89	0.60	2.42	1.00	2.32	0.98	2.44	0.96	2.35	0.97
44	委員会活動が楽しくなる	1.78	0.67	2.40	0.94	2.18	0.85	2.75	1.06	2.32	0.93

　「47．生徒が教師の目を気にするようになる」および「48．いろいろな活動をさせられるようになる」の 2 項目は，一般入学者も推薦・編入入学者も平均値が4.0を超え，とくに高い値となった。「49．学校生活が窮屈になる」はどちらも平均値が3.7以上で高い傾向，「41．生徒が主体的に活動するようになる」は，一般入学者の平均値は3.18とそれほど高くないのに対し，推薦・編入入学者の平均値は3.88と高い傾向であった。「42．大学入学前に留学を経験する生徒が増える」「45．学校行事が楽しくなる」の 2 項目は，一般入学者の平均値は3.0を下回っておりどちらかといえば否定的であるのに対し，推薦・編入入学者の平均値は3.0を上回りどちらかといえば肯定的であった。「46．課外活動が楽しくなる」「43．部活動が楽しくなる」「44．委員会活動が楽しくなる」の 3 項目は，一般入学者も推薦・編入入学者も否定的な回答傾向であった。

3．考察

　「47．生徒が教師の目を気にするようになる」および「48．いろいろな活動をさせられるようになる」の平均値がとくに高かったことから，受験生は，主体性評価のために，教師の目を気にしながら，いろいろな活動をしなけれ

ばならなくなると考えていることがわかる。またそのことにより，学校生活
が窮屈になると感じている。

　しかし，そうしてなされる活動が主体的な活動であるかについては，一般
入学者と推薦・編入入学者の間で考え方が分かれている。一般入学者が，生
徒が主体的に活動するようになることに対してそれほど肯定的な評価をして
いないのに対し，推薦・編入入学者は肯定的な評価をしている。「42．大学
入学前に留学を経験する生徒が増える」や「45．学校行事が楽しくなる」と
いう項目についても，一般入学者がどちらかといえば否定的なのに対し，推
薦・編入入学者はどちらかといえば肯定的である。文部科学省は，主体性と
は「与えられたものであっても，自分なりの意味付けを行ったり，自分なり
の工夫を加えることで，単なる客体として受動的に行動するのでなく，主体
として能動的に行動する」ことであるとして，「他者の支持や意見に従った
り，あるいは他者の顔色や周りの様子をうかがったりして行動するのでなく，
自らのうちにわき上がる思いや判断に基づいて行動する」自発性とは区別し
ている（文部科学省，2010）。そういう意味では，どうせやらされる活動な
ら「主体的」にやろうと推薦・編入入学者は考えるのに対し，一般入学者は
やらされ感が強く「主体的」でない，ましてや自発的でないことがうかが
える。義務感や評価懸念のもとになされる活動を通して評価を行うとしたら，
そこで測っているものは何かをよく考える必要がある。従順性や迎合性，要
領の良さ，本心を隠して表面を取り繕う態度，他人を陥れてでも自分の利益
を考える姿勢などの評価であってはならないはずである。

　課外活動，部活動，委員会活動などが楽しくなるかについては，一般入学
者も推薦・編入入学者も否定的であった。この結果から推論されることは，
回答者は，評価されなくても十分楽しいと考えているか，評価を気にするこ
とにより楽しくなくなると考えているか，評価されてもされなくてもどちら
にせよ楽しくないと考えているかであるが，窮屈に感じられる学校で教師の
目を気にしながらやらされる活動が楽しいとは考えがたく，多くの生徒に
とって主体性評価は，学校生活の楽しさを低減させるものと捉えられている
といえる。ただし，ここにも「昔は良かった」意識の影響が入っていること
は否めないであろう。主体性評価が始まれば，生徒たちはその中で学校生活
を送らざるを得ない。窮屈な中でもしたたかに自発的に楽しく活動していく

ことが，これからの生徒たちには求められている。

◆◇◆
第6節　調査書等の利用

1．質問項目

　調査書（内申書）や志願者本人が作成する書類等を用いて主体性を評価することに関する8項目，「51．入試に用いる資料として有用である」「52．入試に用いる資料として信用できる」「53．調査書は公平に作成される」「54．書類は公平に評価される」「55．公平な入試が行われる」「56．書類作成にかかる生徒の負担が大きくなる」「57．書類作成にかかる教師の負担が大きくなる」「58．書類評価にかかる大学の負担が大きくなる」を回答者に提示し，『1．まったくあてはまらない』『2．あまりあてはまらない』『3．どちらともいえない』『4．まああてはまる』『5．とてもあてはまる』の5段階で評定を求めた。

2．結果

　各項目の平均（*M*）および標準偏差（*SD*）を表8-4に示す。調査書等の利用についても1年生の回答者が少ないため，学年別の検討は控えることとする。

　主体性評価と同様に，一般入学者と推薦・編入入学者の間で回答傾向が異なる項目がみられた。

　「57．書類作成にかかる教師の負担が大きくなる」「58．書類評価にかかる大学の負担が大きくなる」「56．書類作成にかかる生徒の負担が大きくなる」の3項目は平均値が高く，とくに教師の負担を危惧する傾向が高かった。

　「51．入試に用いる資料として有用である」「54．書類は公平に評価される」「52．入試に用いる資料として信用できる」「55．公平な入試が行われる」の4項目は，一般入学者では平均が3.0を下回りどちらかといえば否定的な評価であるのに対し，推薦・編入入学者では平均が3.0を超えどちらかといえば肯定的な評価であった。

　「53．調査書は公平に作成される」については，一般入学者も推薦・編入

表8-4．調査書等の利用の影響

項目番号	内容	学年				入試区分				全体	
		1 年 (*n*=9)		2 年以上 (*n*=57)		一般 (*n*=50)		推・編 (*n*=16)		(*N*=66)	
		M	*SD*	*M*	*SD*	*M*	*SD*	*M*	*SD*	*M*	*SD*
57	書類作成にかかる教師の負担が大きくなる	4.22	0.83	3.93	0.88	3.96	0.92	4.00	0.73	3.97	0.88
58	書類評価にかかる大学の負担が大きくなる	3.67	0.87	3.72	0.82	3.64	0.88	3.94	0.57	3.71	0.82
56	書類作成にかかる生徒の負担が大きくなる	3.56	1.33	3.68	0.93	3.64	1.06	3.75	0.68	3.67	0.98
51	入試に用いる資料として有用である	2.67	1.32	3.12	1.00	2.96	1.07	3.38	0.96	3.06	1.05
54	書類は公平に評価される	2.56	1.24	2.88	0.89	2.74	0.99	3.13	0.72	2.83	0.94
52	入試に用いる資料として信用できる	2.22	0.97	2.72	0.80	2.48	0.76	3.19	0.83	2.65	0.83
55	公平な入試が行われる	2.11	1.17	2.65	0.86	2.42	0.78	3.06	1.12	2.58	0.91
53	調査書は公平に作成される	2.00	1.12	2.33	0.85	2.26	0.92	2.38	0.81	2.29	0.89

入学者も否定的で，ともにもっとも低い評価をしていた。

3．考察

　調査書等の利用については，教師，大学，生徒の負担が大きくなることを懸念する傾向が高く，一般入学者よりも推薦・編入入学者のほうがその傾向が強かった。推薦・編入入学者は，実際に志願理由書を書いたり推薦書を作成してもらったりしており，書類作成にかかる負担を実感していることから，負担感の増大をより強く意識したものと考えられる。

　調査書等の書類の有用性や，評価の公平性，信用性については，一般入学者が否定的な回答傾向を示したのに対し，推薦・編入入学者は肯定的な回答傾向を示した。推薦・編入入学者は調査書などの資料を用いた多面的評価を経て合格した学生なので，資料としての有用性や公平性を支持する（せざるを得ない）面があると考えられる。それでも，公平な入試が行われることについては平均値が3.06とほぼ中央であり，仮に資料としては有用，公平であったとしても，入試が公平であるかについてはやや距離を置いている姿勢がうかがわれる。

この距離感は,「53. 調査書は公平に作成される」に対する回答傾向から検討することができる。一般入学者も推薦・編入入学者も,調査書が公平に作成されるとは考えていない。調査書は生徒に対し非開示であるため何が書かれているのかわからないこともあるが,普段の教師の生徒に接する態度をみて,相手や物事によって接し方に違いがあるようにみえたり,高校入試で内申点の影響を受けたと感じた経験などから,書類は公平に作成されるものではないという意識が生まれていると考えられる。主体性評価において,教師の目を気にするようになるという傾向が高かったことからすると,調査書には教師の気に入ったことほど好意的に書かれると受験生は考えており,そこに公平性のなさを感じるのである。不公平に作成された調査書をどんなに公平に評価したとしても公平な入試にはならない。書類評価の公平性を肯定する推薦・編入入学者でも入試の公平性を肯定しないのは,このような意識があるためと推察される。

　調査書作成に対する公平感の低さは顕著である。受験生は,評価の公平性もさることながら,調査書等の書類の作成の公平性が大きな問題だと指摘しているのである。永野・橘・石井（2019）は,調査書の記載事項や記載量に学校間格差があることを報告している。並川・吉田・坂本（2019）も,調査書に記載されやすい内容があること,学校間だけでなく,地域間や教師間によっても,調査書の記載に違いがあると述べている。吉村（2019）も,教師の主観や筆力が調査書の記載に影響すること,高校側も調査書を評価の対象にすることは望んでいないことを指摘している。受験生が調査書等の書類の作成の公平性に疑念を示すのももっともである。入試においてこれらの資料を利用するのであれば,評価の公平性のみならず,書類作成の公平性も十分保証される必要がある。

　書類作成の公平性を促す方法の1つとして,調査書等の書類のデジタル化が考えられる。脇田・北原・小泉・井村・中田（2018）は,多量の調査書を精査し記載の不統一を指摘し,書類をデジタル化することで表現が統一されるとともに,書類作成や評価の負担が軽減されると述べている。西郡・園田・兒玉（2019）も,電子化のメリットとして,負担の軽減,アピールできる素材の広がり,信頼性の向上などを挙げている。記載内容のプルダウンメニュー化により,却って活動内容が限定されてしまうのではないか,主体性

を損なうのではないかという懸念も示されるが，自由記載欄の設定とメニューを充実することによって，少なくとも限定性の問題はある程度解決できると考えられる。そうなると問題は，膨大なプルダウンメニューからいかに適切に項目を選択するかと，多種多様な評価対象をいかに公平に評価するかになってくる。資料は多種多様になっても公平に評価できなければ意味がない。評価できる範囲に資料を限定するなら，生徒の活動範囲も限定的なものになり主体性は低下する。e ポートフォリオが整備されれば，膨大な個人データを適切に管理・利用するためのセキュリティ対策やルール作りなども必要になる。書類のデジタル化は，いまの負担を軽減してくれるものであるが，新たな負担や問題をもたらすものでもあると認識しておく必要がある。

◆◇◆
第 7 節　まとめ

　本稿では，本学学生の一部（おもに教育学部生）に実施した大学入試改革に関する質問紙調査について検討した。その結果，受験生（少なくとも本学入学者）の全体的傾向としては，以下のように考える傾向にあることが推察された。

・民間試験を利用した英語 4 技能評価によって育成される力は，話す力，書く力よりも，聴く力，読む力である。
・英語 4 技能評価民間試験や記述式問題を導入しても，「真の学力」は育成されないし，学校の授業も良くならない。
・主体性評価により，教師の目を気にしながらいろいろな活動をしなければならなくなり，学校が窮屈になる。
・調査書等の書類の問題点は，評価の公平性よりも作成の公平性である。

　受験生は入試の一番の当事者である。彼等が入試をどのようなものと捉えるかは入試のあり方に大きく影響する。入試改革でどのような能力を高めるかを決めるのは，最終的には受験生である。受験生は入試で必要と思うことを習得して試験を受ける。大学は受験生の中から合格者を選ぶ。個々の大学の個別入試において各大学のアドミッションポリシーに沿った入試が行われ

るだけでなく，今回の「大学入試改革」によっても，受験生，大学，高校にとって有用な能力を受験生が身につけられることを期待したい。

文　献

ベネッセ教育総合研究所（2014）．高大接続に関する調査　ベネッセ教育総合研究所　Retrieved from https://berd.benesse.jp/koutou/research/detail1.php?id=4338（2019年10月9日）

大学入試センター（2018）．大学入学共通テストの導入に向けた試行調査（プレテスト）（平成29年11月実施分）の結果報告　大学入試センター　Retrieved from https://www.dnc.ac.jp/daigakunyugakukibousyagakuryokuhyoka_test/pre-test_h29.html（2019年10月9日）

南風原 朝和（2018）．英語入試改革の現状と共通テストのゆくえ　南風原朝和（編）検証 迷走する英語入試——スピーキング導入と民間委託——（pp.5-25）　岩波ブックレット

石井 秀宗（2012）．推薦入試の経年分析——志願者の動向及び学業成績の検討——　大学入試研究ジャーナル，22，35-42.

小山 勝樹（2017）．高校教員対象に実施した多面的・総合的な評価に関するアンケート調査結果について　平成29年度全国大学入学者選抜研究連絡協議会大会（第12回）研究発表予稿集，31-36.

倉元 直樹・長濱 裕幸（2018）．高大接続改革への対応に関する高校側の意見——自己採点利用方式による第1次選考，認定試験及び新共通テスト記述式問題の活用——　平成30年度全国大学入学者選抜研究連絡協議会大会（第13回）研究発表予稿集，78-83.

文部科学省（2010）．生徒指導提要　文部科学省　Retrieved from http://www.mext.go.jp/a_menu/shotou/seitoshidou/1404008.htm（2019年10月18日）

文部科学省（2015a）．高大接続システム改革会議（第9回）配付資料「別紙3 大学入学希望者学力評価テスト（仮称）で評価すべき能力と記述式問題イメージ例【たたき台】」　文部科学省　Retrieved from http://www.mext.go.jp/b_menu/shingi/chousa/shougai/033/shiryo/1365554.htm（2019年10月23日）

文部科学省（2015b）．高大接続改革実行プラン　文部科学省　Retrieved from https://www.mext.go.jp/b_menu/shingi/chukyo/chukyo12/sonota/__icsFiles/afieldfile/2015/01/23/1354545.pdf（2020年5月2日）

文部科学省（2016）．高大接続システム改革会議「最終報告」　文部科学省　Retrieved from http://www.mext.go.jp/b_menu/shingi/chousa/shougai/033/toushin/1369233.htm（2019年10月9日）

文部科学省（2017a）．大学入学共通テスト実施方針　文部科学省　Retrieved from https://www.mext.go.jp/a_menu/koutou/koudai/detail/1397731.htm（2019年10月9日）

文部科学省（2017b）．平成33年度大学入学者選抜実施要項の見直しに係る予告　電子政府の総合窓口（e-Gov）Retrieved from https://search.e-gov.go.jp/servlet/

PcmFileDownload?seqNo=0000161636（2020年 5 月 2 日）

文部科学省（2018）．平成29年度英語力調査結果（高校 3 年生）の概要　文部科学省　Retrieved from http://www.mext.go.jp/a_menu/kokusai/gaikokugo/1403470.htm（2019年10月18日）

文部科学省（2019a）．大臣メッセージ（英語民間試験について）文部科学省 Retrieved from https://www.mext.go.jp/a_menu/other/1422381.htm（2020年 3 月17日）

文部科学省（2019b）．萩生田文部科学大臣の閣議後記者会見における冒頭発言 文部科学省 Retrieved from https://www.mext.go.jp/a_menu/koutou/koudai/detail/1420229_00001.htm（2020年 3 月17日）

永野 拓矢・橘 春菜・石井 秀宗（2019）．新入試「主体性」評価が一般選抜に及ぼす影響　大学入試研究ジャーナル，29，73-77.

名古屋大学（2019）．令和 2 年度入学者選抜要項　名古屋大学

並川 努・吉田 章人・坂本 信（2019）．調査書の「指導上参考となる諸事項」の記述についての検討――パーソナリティおよび学力の 3 要素に関する記述に注目して――　大学入試研究ジャーナル，29，194-199.

日本テスト学会（2018）．平成29年11月実施の大学入学共通テスト導入に向けた試行調査に関する日本テスト学会の意見　日本テスト学会 Retrieved from http://www.jartest.jp/index.html（2019年10月 9 日）

西郡 大・園田 泰正・兒玉 浩明（2019）．一般入試における「主体性等」評価に向けた評価支援システムの開発　大学入試研究ジャーナル，29，1-6.

関 陽介・植野 美彦・澤田 麻衣子・石田 竜弘（2019）．入学者選抜の評価を支援する分散評価システムの開発と導入――薬学部 AO 入試における書類審査での活用事例から――　大学入試研究ジャーナル，29，217-222.

竹内 正興（2018）．共通テストへの外部英語試験導入が受験生に与えた影響―― B 大学の事例からの検討――　大学入試研究ジャーナル，28，187-192.

田中 光晴・宮本 友弘・倉元 直樹（2018）．新共通テスト（イメージ例）が測定する資質・能力の分析――高校生対象のモニター調査から――　大学入試研究ジャーナル，28，1-6.

脇田 貴文・北原 聡・小泉 良幸・井村 誠・中田 隆（2018）．大学入学者選抜における調査書活用に向けた課題――記載ルールの必要性――　大学入試研究ジャーナル，28，33-39.

吉村 宰（2019）．一般選抜前期入学者選抜における調査書の活用について　大学入試研究ジャーナル，29，67-72.

第 **9** 章

東アジアの大学入試改革
―――多様化と「基礎学力」保証の両立は可能か―――

東北大学高度教養教育・学生支援機構　教授　**石井　光夫**

第1節　はじめに

　我が国の大学入試は，1990年代以降，「選抜方法の多様化」と「評価尺度の多元化」をキーワードに多様化への改革が進められてきた。過度の受験競争緩和とゆとりの中で「生きる力」を育む教育環境の整備，多様化する高校と大学との接続を円滑にする「相互のマッチング」を図る仕組み構築への要請がその背景にあったが，平成26年（2014年）12月の中央教育審議会答申によってこの動きは新たな段階を迎えた。その新たなキーワードは「学力3要素」を「多面的・総合的」に評価する入試への「抜本的改革」である。学力3要素とは①知識・技能，②思考力・判断力・表現力，③主体性を持って多様な人々と協働して学ぶ態度をいう[1]。

　これがそれまでの入試改革と異なるのは，従来改革の主たる対象になかった共通試験と大学の個別選抜における一般入試にも改革のメスを振り込み，入試全般を「抜本改革」するとしたことにある。これによって，大学入試センター試験は②の要素を十分に取り込むとする「大学入学共通テスト」に代わり，大学の個別選抜では一般入試を含めて多様な資料や評価の観点を駆使して③の要素を測る入試への転換が求められた。新しい入試は令和3年度（2021年度）入試から予定されている。

　こうした入試多様化への改革は，じつは中国，韓国，台湾の東アジアの国・地域でも1990年代から模索され，2000年代に入ってこの20年の間に様々な施策が打ち出されてきた。「多様化」を目指す大学入試改革は，日本を含む東アジア共通の方向であるといえよう。本稿では，中国，韓国，台湾の最近の入試改革を概観し，その多様化の比較分析を行うとともに，その多様化

の中で懸念される「基礎学力」の保証という観点からこれを考察してみたい。

　ここでいう「基礎学力」は上記学力3要素の①を中心とし②を含む高等学校の学習で身に付けるべき知識・能力としておく。中央教育審議会2008年答申における「学力」もこうした捉え方をしている[2]。

◆◇◆

第2節　東アジア各国・地域の大学入試制度概要

　中国の高等教育への進学率は，1999年まで5%前後で推移していたが，同年拡大政策がとられたことにより以後急速に上昇し，筆者の推計では現在50%を超えている。韓国，台湾は1990年代以降急速に進学率を伸ばし，現在8割を超えている。しかし，中国でも北京市や上海市などの大都市では全国平均を優に超えており，我が国や韓国・台湾に近い事情にあるといってよいであろう（表9-1）。当然こうした高い進学率は，入試多様化への背景の一つになっているとみられる。

　大学入試の概要は，表9-2に示したとおりである[3]。一般選抜，特別選抜の区分は，中国と台湾の場合，それぞれが自ら定義しているわけではないが，便宜上，一般の受験生を対象にする試験選抜を一般選抜，特定の資格要件や推薦を必要としたり，対象を限定したりする試験選抜を特別選抜として筆者が区分した。

　中国では1952年から実施している全国統一入試の成績を主たる判定資料として選抜する方式が，現在もなお大多数の入学者の選抜方式となっている。

表9-1．高等教育機関への進学率

中　国	韓　国	台　湾
50%超（2018年）	高校卒業者の8割以上 （2012年）	普通高校卒業者の96% 職業高校の卒業者の81% （2014年）

（注）韓国，台湾の高校進学率はほぼ100%になっている。
（出典）『中国教育統計年鑑2018』『中国統計年鑑2018』から筆者計算，『中華民国教育統計2014』
　　　　韓国教育科学技術部 http://english.mest.go.kr/web/1729/site/contents/en/en_0224.jsp（閲覧
　　　　2012.12.27）

表 9 - 2. 大学入試の概要

	中 国	韓 国	台 湾
一般選抜	・1952〜 ・主として全国統一入試の成績により各大学が選抜 ・全国700万人の入学者ほとんどが一般選抜で入学	(一般選考) 現行2002〜 ・大学修学能力試験による選抜が主。一部では総合学生生活記録簿, 大学別考査 (面接・論述等) により選抜 ・大学の個別学力試験は禁止 ・全入学者の3割以下	(試験配分入学) 2002〜 ・共通試験 (指定科目試験) の成績により志望大学に配分 ・大学は受験科目3〜6を指定。点数も重み付けする ・全入学者の約3割
特別選抜	1) 推薦入試1984〜 ・全国共通の資格要件。5千人程度に限定。大学が書類, 筆記試験, 面接等により選抜。統一入試の受験は不要 2) 独自事前選抜2003〜 ・大学が書類審査, 筆記試験, 面接等独自の方法基準で選抜。90大学で実施。原則入学定員の5%以内, 統一入試一定成績以上で最終合格	(特別選考) 1994〜 ・特異な才能をもつ生徒, 社会に不利な立場の生徒等を対象。書類審査, 面接など大学独自の方法・基準で選抜 ・全入学者の7割以上 ・特別選考一部に入試専門家としての入学査定官が関与	(独自選抜入学) 2002〜 1) 個人申請 : 共通試験 (学科能力試験) で1次選考, 2次選考は大学ごとの方法・基準 (書類審査, 面接, 筆記試験等) で実施。5割強 2) 繁星推薦 : 共通試験 (学科能力試験) 成績の基準以上生徒を校内成績順で選抜。2割弱

(注) 韓国は, 試験時期により①定時募集 (3グループに分ける) と②随時募集 (定時募集の前に実施) の2種類がある。随時募集は主として特別選考。
(出典)『東アジアにおける入試多様化と学力保証に関する研究』研究成果報告書 (平成24〜26年度科学研究補助金基盤研究 (c) 課題番号24530984研究代表者石井光夫) により筆者作成

　特別選抜である推薦入試および独自事前選抜については, 一定の要件をもつ受験者に対し, 各大学が独自に定める選抜方法 (書類, 筆記試験, 面接等)・評価基準で一般選抜より前に入学者を選抜する。推薦入試の資格要件は全国共通で厳格に定められ, 全国5,000人程度に限定されてきた。独自事前選抜は2003年に22大学で開始し, 現在90大学で実施, さらに各大学の入学定員は原則総定員の5%以内とされており, 最終的に全国統一入試の一定成績に達すれば合格となる。推薦入試, 独自事前選抜とも実施大学および入学者の数はまだ非常に少ない。しかし, 実施大学は北京大学, 清華大学, 復旦大学など伝統ある威信の高い大学であり, 社会的注目度や高校教育に与える影響は小さくない。
　韓国は,「一般選考」と「特別選考」に分けて実施しているが, ともに選抜資料として何をどの程度利用するかはすべて大学に任されている。ただし,

大学独自の学科筆記試験は受験競争を助長するとして禁じられている。一般選考では，共通試験である「大学修学能力試験」（以下「修能試験」）と学業成績や活動，特技などについての総合的な調査書である「総合学生生活記録簿」が利用される。また，一部の大学では小論文（論述）試験または面接試験が実施される。特別選考は特定分野に才能をもつ生徒や社会的に不利な立場にある生徒など特定の対象について，書類選考や面接などを通じて入学者を決定する。募集時期も多様になっており，11月から2月の「定時募集」は3グループに分かれ，定時募集の前に募集する「随時募集」が行われる。随時募集では特別選考の方式をとることが多い。随時募集は全入学者の7割以上を占めるまで広がっている[4]。

　韓国では2007年から一部大学で入学者選抜の専門家としての「入学査定官」を採用，書類審査や面接試験などを中心に選考過程に関与する選抜方法を開始した。学業以外の様々な活動も評価に加え，これによって高校教育の正常化を促進することを狙った。2012年で125大学，半数以上の大学で実施されている。主に特別選考の過程で入学査定官が関与している。

　台湾では，1954年から「連合試験」と称する共通試験により大学入学者選抜を実施してきたが，1990年代の試行を経て，2002年から「多元入学」を実施している。従来の連合試験による選抜の流れをくむ「試験配分入学」に加え，大学が独自の選抜方法と評価基準を設ける「独自選抜入学」の2種類の選抜が行われるようになった。前者が共通試験である「指定科目試験」により入学する大学が決定される一般選抜であり，後者は共通試験の「学科能力試験」で一次選考した受験生を大学の個別試験によって選考する「個人申請入学」と学校推薦と学校内の成績順位で選考する「繁星推薦入学」とがある。「繁星」とは多くの星がきらめくという意味であり，地域均衡を目的とした入試で，2007年以降の試行をもとに2011年から独自選抜入学の一つであった学校推薦入学と統合して全大学で実施されるようになった。全入学者の約7割が大学ごとの独自選抜入学によって入学し，うち繁星推薦入学が2割弱，個人申請入学が5割強となっている[5]。

第3節　大学入試改革の動向

1．入試改革の変遷

　中国，韓国，台湾のいずれにおいても，現在につながる入試改革は1990年代に始まり，2000年代に入って多様化への道を明確にしていった（表9-3）。

　中国では，長らく全国統一入試のみによる入学者選抜が続いていたが，1980年代に推薦入試，2003年から独自事前選抜が導入されるなど多様化の道が開かれてきた。この改革は，中国共産党中央および国務院（内閣）が向こう10年間にわたる教育政策の方針として公表した「国家中長期教育改革および発展計画要綱」（2010年7月）および国務院「入試制度改革の深化に関する実施意見」（2014年9月）によってさらに推進，また一部修正されることになった。その主な内容は，①全高等教育機関に適用されていた統一入試を4年制大学と短大に分けて実施する「試験の分類化」，②一般選抜における「総合評価」の導入，③「多元的選抜」の実施である。①については一部地方ですでに2012年に職業系科目を導入した個別単独の統一入試を実施しており，高等職業教育機関の入学者の3分の1にあたる約100万人がこの入試で選抜されている[6]。②総合評価とは，全国統一入試に加え，高校卒業試験として各地方で行われる「学業水準試験」[7]と高校での学業以外を含めた「総合資質評価」を判定方法に取り入れるというものである。③多元的選抜については，地域枠選抜や特殊な才能を持つ者への破格優遇などを多様な選抜方式を実施するとしたものの，従来の推薦入試や独自事前選抜については，受験競争の緩和や本来の主旨への回帰を理由に，縮小する修正が加えられた。

　韓国の入試改革は一貫して過熱する受験競争の緩和，高校教育の正常化を目的として様々な試行を重ねてきた。最近の改革として，大学の裁量権拡大（自律化）の基本的な流れの下で，修能試験の簡素化・易化，さらに総合評価選考に関与するアドミッションオフィサーたる入学査定官の導入拡大が実施されてきた。

　韓国で大学入試の自律化が進められたのは1997年以降であり，個別大学の学力試験，高校等級制，寄付金のいずれも禁止する入試3原則に抵触しない入試作業を大学に一任した（総合学生生活記録簿の使用義務撤廃など）が，

表 9 – 3． 最近の大学入試改革

	中　国	韓　国	台　湾
根拠政策	2010 中国共産党中央・国務院「国家中長期教育改革および発展計画要綱」 2014 国務院「入試制度改革の深化に関する実施意見」	2008 李明博政権による大学入試の自律化 3 段階計画 2018「学生・保護者の負担緩和および学校教育正常化のための大学入試制度簡素化および大学入試制度（試案）」	2002 教育部「大学多元入学方案」 2017 教育部「2022年大学多元入学方案」
目的	・受験教育からの転換と資質教育（創造性と実践能力の育成）による全面発達した人材育成 ・格差是正，公平公正の確保	・大学の入試における権限強化 ・受験競争の緩和，高校教育の正常化 ・複雑化した入試制度の簡素化	・主体的個性的な生涯学習時代を迎え，標準化された知識を問う試験から，多面的総合的評価へ
具体的施	・①統一入試の分類（4 年制大学と短大の分化），②総合評価（統一入試，高卒共通試験，高校評価による選考），③多元的選抜（地方枠選抜，破格選抜等） ・独自事前選抜の筆記試験制限，規模縮小，統一入試後の実施 ・一般選抜で，社会・理科は高卒共通試験の 3 科目を採用（統一入試 3 ＋高卒共通試験 3 ）	・第 1 段階（2009〜2011年度）総合学生生活記録簿および修能試験反映（配分比）の自律化等 ・第 2 段階（2012年度〜）修能試験の簡素化・易化 ・第 3 段階（2012年度以降実行）自律化の完成 ・入学査定官制度の導入普及 ・入試区分，選考方法の簡素化	・個人申請入学を大学入学者選抜の主要なルートとし（70％），試験配分入学は次第に縮小 ・2 種類の共通試験を簡素化，負担軽減 ・個人申請入学における電子化された学習ポートフォリオの導入，活用

（出典）石井光夫「中国の大学入試個別選抜改革」「中国簿全国統一入試」，田中光晴「韓国における大学入試課の多様化とその後」，石井光夫「台湾の2022年入試改革」（いずれも『東北大学高等教育ライブラリ』12，14，15）により筆者作成

この自律化をさらに進めて完成させようとしたのが，李明博政権による大学入試の自律化を図るための 3 段階計画である（大統領職引受委員会2008年 1 月22日公表）。段階計画は，第 1 段階（2009〜2011年度）（総合学生生活記録簿および修能試験反映（配分比）の自律化，学生選抜の多様化・個性化のための入学査定官制の支援拡大等），第 2 段階（2012年度〜）（修能試験の探求および第 2 外国語／漢文領域で最大 2 科目受験に縮小—当時は探求が最大 4 科目，第 2 外国語／漢文が 1 科目の合計最大 5 科目等），第 3 段階（2012年度以降実行）（自律化完成）となっていた。ただし，第 3 段階は政権が変わり，具体的には進まなかった。

　このような過程を経て形成された入試制度は，その種類が3,000にもおよ

び複雑化して受験生や高校の負担増を招き，学校教育の正常化を妨げていったと朴槿恵政権は，2013年「学生・保護者の負担緩和および学校教育正常化のための大学入試制度簡素化および大学入試制度（試案）」により，選考資料や活用の単純化，募集時期の簡素化，活用される度合いの大きい総合学生生活記録簿の信頼度向上などに取り組んだ[8]。

　台湾の大学入学者選抜は，1954年より約半世紀にわたって連合試験が実施されていた。受験者はその成績によって志望大学に振り分けられており，大学が選抜に関与することはなかった。統一的な試験を行うことで選抜の客観性・公平性が保証されたという肯定的評価もあるが，激しい受験競争を生じさせ，生徒の興味・関心を狭め，また創造性が育たないといった弊害も指摘されていた。こうした状況を踏まえ，1990年代に連合試験に対する再検討が行われ，試行の後，2002年より入学者選抜試験の多様化を意味する「大学多元入学」方式が正式に実施され，連合試験が廃止されることになった。

　2002年から導入された大学多元入学方式が現在の入試制度になるが，2017年政府教育部はこの多元入学を一層推進する「2022年大学多元入学方案」を発表，2019年度から導入される高校新教育課程の理念「個性に応じた能力伸長」「核心的資質（学習と生活を結ぶ実践能力）の育成に向けた幅広い人材育成」に基づいた，多面的・総合的評価を行う入試への転換をうたった。これによって，共通試験の簡素化や学習ポートフォリオの導入・活用が2022年から実施されることになった。

２．共通試験

　中国，韓国，台湾のいずれにおいても共通試験を実施し，選抜の資料としている（表9-4）。その共通試験についても，構成や選抜資料としての活用にも改革が図られてきている。

　中国では1990年代半ばから受験教育へのアンチテーゼとして「資質教育」（原語・素質教育）が叫ばれるようになり，知識偏重を改め，徳・知・体の全面にわたって子どもの持つ様々な素質を伸ばしていこうとする新たな教育方針が打ち立てられた[9]。また1998年制定の「高等教育法」における大学の「法人化」に象徴される大学運営自主権の拡大が，大学入試についても尊重されるようになった。

表9-4．現行共通試験

	中　国	韓　国	台　湾	
共通試験	全国統一入試 （1952〜）	大学修学能力試験 （1994〜）	学科能力試験 （1994〜）	指定科目試験 （2002〜）
用途	一般選抜	主として一般選考	主として独自選抜	試験配分入学
出題内容	試験科目「3（中国語・数学・外国語）＋X」でXは主に文科総合・理科総合試験（2002〜）一部都市で単独出題	試験5領域のうち3領域で大学の指定により，科目を選択受験	5科目必答も大学ごとに選抜資料とする試験科目，配点を決定	9科目のうち大学の指定により3〜6科目受験大学が成績に重み付け
出題形式	総合能力試験の実施（2002〜）教科横断（文科で2割）記述式出題（4割）等中国語では作文題800字が課される	教科横断的な出題は少ない（韓国語・英語の一部で実施）多肢選択式が中心	各教科の基本的内容の習得度を試験。選択式問題が中心	応用力，表現力等の試験を目的に，論述式問題も出題
成績表示	点数表示（素点）	9段階表示，順位（パーセンタイル表示），標準点数	15級5段階表示	点数（各大学で科目に重み付け）

（出典）『東アジアにおける入試多様化と学力保証に関する研究』研究成果報告書（平成24〜26年度科学研究補助金基盤研究（c）課題番号24530984研究代表者石井光夫）により筆者作成

　こうした初等中等教育の資質教育や大学の自主権拡大とともに，全国統一入試の試験科目が再編され，中国語，数学，外国語の3科目に地方や大学が指定する科目Xを取り入れた「3＋X」方式が実施された（2002年）。多くの地方ではこのXには文科総合，理科総合の総合試験を充てた。また，全国共通の試験問題に代えて地方が単独出題することが北京などで開始され，2004年以降に拡大された。一時は地方の半数が単独出題となったが，近年出題の負担や公平性，機密保持などを理由に統一出題に回帰する地方が増え，北京や上海の数都市に減少した。評価は点数（素点）で示される。

　さらに2014年の国務院「意見」では全国統一入試の総合改革を試行するとして，

　・試験科目：統一入試3科目（中国語，数学，外国語）＋高校学業水準試験（地方高卒共通試験）3科目（政治，歴史，地理，物理，化学，生物から選択）。統一入試を文理に分けない。外国語は2回実施

　・選抜方式：全国統一入試と学業水準試験に基づき，高校調査書（総合資

　質評価）を参考にする多元的選抜方式（「二つの根拠，一つの参考」）という改革措置を掲げた。全国統一入試は2017年の上海市・浙江省を皮切りに順次，中国語，数学，外国語の3科目となり，文科総合と理科総合は廃止，代わりに地方ごとの高校学業水準試験の3科目が選抜資料に加わることになる。

　文科・理科の総合試験が廃止になり，地方の高校卒業共通試験の3科目に代えた理由は，教科横断の問題作成の困難さに加え，知識の応用力といった初期の目的が成果を出していないことが研究で明らかになったと説明されている[10]。

　韓国の修能試験は，現在唯一の学科筆記試験として実施され，一般選考のほか，随時募集の特別選考でも一定の成績を要件とする大学があり，選抜資料として利用されている。5領域（韓国語，数学，外国語，探求，第2外国語／漢文）からなり，各領域で選択必答，選択式問題が中心で，成績は9段階や順位のパーセンタイル表示等で示される。しかし，この数年修能試験の改革において受験競争の緩和や私教育（塾／家庭教師）の縮小，さらに学習内容削減等の高校教育課程改革への対応などにより，受験科目の削減や試験内容の問題レベル低下など全体として易化への方向がみえる。

　上に述べた入試における大学の自律化政策の一環として，大学の選抜権限強化のために2012年修能試験の比重を低下させ，「探求」および「第2外国語／漢文」領域における選択科目を合計最大5科目から2科目に削減する改革が実施された。さらに，教育科学技術部が告示した「2014年度修能試験の改定方案」（2011年8月）では，韓国語・数学・英語を受験生のレベルに合わせたAとB2種類の試験の導入，私教育を受けなくても高校の課程履修だけで解答できる出題，探究領域の選択科目数の縮小などを挙げた。

　台湾では，2002年の多元入学によって長年続いてきた連合試験が廃止され，新たに2種類の共通試験が導入された。「学科能力試験」は主として独自選抜に利用され，高校2年までの課程を対象に5科目が必答として課される。成績は15級5段階で表示される。選択問題が中心。指定科目試験は，連合試験の流れをくむ試験で，試験配分入学に用いられ，10科目のうちから大学の指定する3〜6科目を受験する。記述式問題を含み，科目ごと点数（100点満点）で評価される。

2022年改革では，この 2 つの試験が簡素化され，学科能力試験は 5 科目必答から大学の指定により 4 科目以下となる。指定科目試験は「科目別試験」と名称変更になり，学科能力試験と重複する 3 科目（文系数学，国語，英語）を除く 7 科目で，学科能力試験も試験配分入学に利用されるようになることから，受験科目は 1 科目以上，学科能力試験の成績もともに45級の段階別評価となる。

3．大学の個別選抜

　各国・地域とも共通試験により選抜する一般選抜に加え，大学独自に対象，選考方法，評価基準を定める特別選抜を導入，選抜の多様化を図っている。

　中国では，2014年の国務院「入試制度改革の深化に関する実施意見」に基づき一般選抜の選考を「二つの根拠」「一つの参考」，すなわち 3 科目（中国語，数学，外国語）の全国統一入試と 3 科目（社会・理科分野）の高校卒業共通試験（学業水準試験）をもとにしながら高校調査書（総合資質評価）を参考にして行うとし，2020年を目途に移行する。

　一方で，推薦入試は不正防止，公正公平を理由に縮小され，科学オリンピック優秀者や外国語学校卒業者などに対象を絞るようになった。科学オリンピック優秀者は全国で260人ほどになり，これを清華大学と北京大学で半数ずつ分け合い，他大学にはほとんど進学しないという制度になった[11]。

　多様化を進める入試改革にとって「最も重要な改革であり，成功している」とされる[12]独自事前選抜についても，2010年頃以降大学間の共通試験（連合試験）が行われ，「小型の統一入試」と呼ばれるようになるなど，試験の負担が過重になったとして，これも本来の主旨である特異な能力を持つ学生（偏才，怪才，奇才）という，一般選抜では入ることが難しいが，特定分野では優れた才能を持つという学生を選考する制度に戻すため，規模縮小が進められた。これによってもともと少なかった特別選抜の規模が一層縮小し，一般選抜が99％を占める入試となった。

　韓国では，特別選考を中心とする随時募集が 7 割以上を占め，定時募集の一般選考の割合が小さくなっている。特別選考は，書類審査や面接，小論文（論述）試験による選考を行うものであるが，この選考に入学査定官を採用するようになったことが大きな改革であろう。入学査定官は高校の教育課程

や大学入学者選抜についての専門家であり，この入学査定官を採用・活用して，志願者の成績，個人環境，潜在力および素質などを総合的に判断し，入学者を選抜する制度を「入学査定官制度」と呼んでいる（韓国大学教育協議会）。入学査定官制度は2007年に導入された。入学査定官が入学者選抜過程に関与することによって，教科成績に依存していた従来の選抜評価から脱却し，非教科領域活動の記録や面接などを含めて受験生の多様な能力を評価しようとする。

入学査定官制度を導入し運営する大学は政府の支援を受けて実施する形を取っていたが，2009年からは政府の支援を受けず，大学が独自で入学査定官制度を実施する大学もあり，2012年には59大学に拡大している。入学査定官制度の導入大学の増加とともに入学査定官制度による入試の入学者数も拡大をみせ，2012年には41,762名（総入学定員の11.9％）と年を追って増加した。

入学査定官制度は学科成績中心の評価方法から脱却し，総合的な評価に重点を置いた入試方法を目指すものであるが，この成果として，①新入生構成の多様化（地域，高校，階層等），②入学後の学業成績の伸び，などが韓国大学教育評議会の調査で明らかになっており，高校でも教科外活動の活発化などが報告されている。ただし，課題として入学査定官の専門性向上などが指摘されている[13]。

また朴槿恵政権の入試簡素化政策によって，学科試験に近い論述試験を縮小する傾向にあり，ソウル大学では2015年入試から論述試験を廃止，高麗大学でも論述試験による選抜の割合を低下させた[14]。

台湾の特別選抜である独自選抜は，我が国のAO入試に近い「個人申請入学」と推薦入試の一種である「繁星推薦入学」の2種類があるが，入試の多様化が進む中で個人申請入学が近年募集定員を拡大している。その理由には筆記試験だけの学力だけでなく学生に創造的な能力を求めていることや，少子化を背景として学生を早期に確保したいという意図がある[15]。個人申請入学で入学する学生は専門領域への興味や適性が高く，入学後の成績も良好なため，たとえ受験生増加に伴って入試業務が増えたとしても大学・学科のレベル向上には有益である教員は受けとめており[16]，入学者の5割以上にまで増加した。

2022年入試改革ではこれを7割まで引き上げる予定である。さらにその選

考においても共通試験（学科能力試験）の割合を下げ，総点数の5割以上を大学独自の審査結果（総合学習成果）が占めるよう求められている。「総合学習成果」は従来の大学独自の筆記試験や面接試験に加え，新たに導入される「学習ポートフォリオ」が一定の割合を占める。現在でも大学・学科によって個人申請入学受験者には指定の提出書類を選考資料として提出させているが，これを受験者全員に課し，高校の学業や活動の記録を共通のフォーマットで整備した電子学習ポートフォリオに統一する。教育部は学習ポートフォリオによって「生徒一人ひとりの適性，興味関心，潜在能力および専攻分野への準備状況」がより評価できるようになるとしている。全土に渡るデータベースを構築し，学校や生徒が入力，大学の求めに応じて情報が提供される。

◆◇◆

第4節　多様化と「基礎学力」の保証

　中国，韓国，台湾の東アジアにおける大学入試について，現行の仕組みと最近の改革動向を概観してきた。ここでは改めて学力保証の観点から問題を整理し，我が国入試改革への示唆を読み取っていきたい。

　なお，「第1節　はじめに」でも述べたように，本稿でのいわゆる学力は「基礎学力」すなわち高等学校で修得すべき基礎的な知識・技能を主として指しており，これに加えて1990年代以来強調されてきた，基礎的な知識・技能をもとに展開される「思考力・判断力・表現力」といった能力を含むとする。学力3要素の「主体的学習態度」を含まない，いわば伝統的な概念の学力である。

1.　学力を把握する選考要素

1.1　筆記試験

　入学者選抜において筆記試験が占める絶対的な地位を相対化し，他の選考方法を取り入れて多様化する方向の中で推薦入試やAO入試が普及し，このことが逆に学力不問の入試を増殖させて今日の学力問題を生んだのが我が国の大学入試であるが，東アジアの他の国・地域はどうか。まずもっとも学力

を把握する選考方法と捉えられる筆記試験の扱いをそれぞれ確認する。

　中国の統一入試は，2002年以降，「3＋X」，すなわち中国語，数学，外国語の3科目に地方や大学が指定した科目Xが加わるが，これらは選択ではなく，すべて必答科目である。Xは「文科総合」または「理科総合」を指定する地方がほとんどで，文科総合は政治，地理，歴史，理科総合は物理，化学，生物の横断的問題か個別科目問題の組合わせになっている。

　このほか1990年代から高校の履修科目すべて（9科目）について省単位の共通卒業試験（会考，現在は学業水準試験に移行）が課されている。2020年を目途に統一入試の文科総合・理科総合は廃止されるが，これに代えて入試用に追加問題を課し，難度を上げた高校卒業共通試験の社会・理科6科目から3科目を利用する「3＋3」方式が採用される。

　大学ごとに入試が設計される独自事前選抜でも，面接や書類審査に加え，筆記試験を課す大学がほとんどであり，また最終合格要件として全国統一入試を受験し，その一定の成績が求められている。筆記試験の優位は動かない。

　韓国の修能試験は，特別選考においてもソウル大学や高麗大学などでは一定の成績を出願要件として定め，これを満たす受験者を書類や面接試験で選考している。その意味では，韓国の入試においてもっとも広く学力把握のための資料として活用されている。ただし，特別選考の出願要件として利用している大学がどの程度あるかも教育科学技術部は把握しておらず，一部有力大学だけの要件とも考えられる[17]。さらには，政府方針として現在唯一の学科筆記試験である同試験の競争緩和，私教育の縮小などを狙って，受験科目削減や問題水準の低下による高校生の負担軽減を図りつつある。修能試験が学力把握のための資料としての価値は今後低下していくことが予想されている一方で，韓国では2002年以来個別大学における学科筆記試験は禁止となっている。韓国の大学入試における筆記試験の位置づけは中国，台湾と比べて著しく低いと言わなければならない。

　台湾では一般選抜である「試験配分入学」は共通試験「指定科目試験」により選抜する。この試験は9科目で，各大学・学科はこのうち3〜6科目を指定し，それぞれ配点に重み付けして成績によりコンピュータで機械的に合格者を決定していく。ただし，この割合は年々低下し，全入学者の3割程度まで落ちてきている。これに代わって合計7割まで増加している繁星推薦入

学と個人申請入学のいずれにおいても，出願資格において募集単位である大学・学科が「学科能力試験」で定めた基準を超えていることが必要になっている。また，個人申請入学の選考においては大学ごとの試験とこの学科能力試験の成績を総合して判定する。

　個人申請入学の個別選考においては，書類審査，面接試験，筆記試験などが大学・学科それぞれの判断で取り入れられている。筆記試験を課す学科は各学科に特化した教科目を課すことが多い。すべての学科で筆記試験が課されるわけではないが，これを課す学科は少なくない。

　台湾の大学入試においては，筆記試験とりわけ2種類の共通試験の優位は揺るがない。

1.2　筆記試験以外の選考方法

　筆記試験以外においても学力を評価しようという要素が働いている。

　中国の推薦入試や独自事前選抜で行われる各大学の面接試験でもたんに志望動機や将来計画，興味関心などによって意欲適性をみるといったものではなく，あるテーマを与えて解説させたり，意見を聞き，質疑することによって知識や思考力，表現力などを評価する面接方式が多い。ちなみに2012年の面接試験で与えられたテーマの例として以下のようなものが報道されている[18]。

・国際マーケットの大多数の商品は中国製品であるが，利益は外国企業がもっていく。あなたの考えは？（北京大学）
・ベーコン曰く「金は忠実な男奴隷で，悪徳な女主人である」。あなたの考えは？（同）
・自分を変える（原語・穿越）ことが一度許されるなら，いつ，どんな人間になり，何をしたいか（清華大学）
・時代が英雄を作るのか，英雄が時代を作るのか（上海交通大学）
　こうしたテーマを多く用意し，受験生に無作為に与え，考えさせる。

　唯一全国統一入試を課さない推薦入試についても，その対象は各地方で高校成績を含めた「優秀生徒（三好学生）」として表彰された生徒や科学オリンピックの受賞者等であり，ここでも優れた学力が求められている。

　韓国でもこうした面接が特別選考を中心に行われ，「深層面接」と呼ばれ

ている。深層面接とはたんに勉学への意欲や将来計画，関心興味などを尋ねるような面接ではなく，特定のテーマを受験者に与え，これについて解説や本人の考えなどを述べさせた後，面接官と質疑応答する形式の面接である。口述試験に近い内容であり，受験者の基礎学力や思考力，表現力をみるにはある程度の効果を持つと考えられる。高麗大学では選考資料としてこれに高い配点をしている（60％）。また，小論文（論述）試験も学科の知識を背景にした能力が評価される。さらに一般選考，特別選考のいずれにおいても修能試験とともに高校の記録である総合学生生活記録簿が重要な判定資料となっているが，この記録簿には高校の学習成績が含まれている。

　台湾でも入学者の5割以上を占めるようになった個人申請入学において面接試験をほとんどの大学・学科が実施しているが，この面接試験を「口述試験」と呼ぶ大学もあり，ここでも専門分野への興味関心や動機だけでなく，知識や思考力を判定している[19]。また台湾の繁星推薦入学の大学における審査では高校の成績を第一の判定資料にしている。

1.3　学力保証への課題

　このように筆記試験とともに面接試験や高校の成績など学力保証のメカニズムがそれぞれの国・地域で機能していることが了解されるが，その程度には違いがある。また，学力保証のメカニズムそのものもなお衰えぬ受験競争などのために，これを弱める方向に最近の改革が動いている。

　学力保証メカニズムの程度について，最も強く働いているのは中国であろう。次いで台湾，そして韓国という順になる。

　中国は全国統一入試による一般選抜がほとんど99％の入学者を占め，大学が独自に選考方法・評価尺度を設定する独自事前選抜においても全国統一入試の成績が最終合格の条件となる。大学の個別選考においても筆記試験が多くの大学で採用され，一時期有力大学はグループを形成して難度の高い連合試験を実施してきた。全国統一入試を唯一利用しない推薦入試でも高校の成績や科学オリンピックなど学力要件は欠かせない。

　台湾も2種類の共通試験を実施し，3種類の選抜区分いずれでもこれを利用している。独自選抜入学のうち個人申請入学の大学における個別選考では筆記試験を課さない大学・学科もあるが，多くはこれを課している。繁星推

薦入学では個別選考では筆記試験や面接試験を課さなくなったが，高校の学業成績が第一の資料とされる。

　この中国・台湾に比べて韓国の学力保証のメカニズムが弱いとみられる理由は，第一に大学ごとの個別選考において学科筆記試験が禁止されていることである。これは入試の大原則として2002年以降厳格に守られている。第二に共通試験の修能試験を，一部利用する大学があるものの，多くは利用しておらず，2018年政府は修能試験を利用する選抜の比率を30％に引き上げるよう大学に働きかけている[20]。面接試験では深層面接が行われているが，これもすべての大学で採用されているわけではない。

　このような弱いメカニズムをさらに弱めるのではないかという改革が韓国で進んでいることは，学力保証の観点からは危惧すべき問題である。一つは唯一の筆記試験である修能試験の簡素化・易化の傾向である。もう一つは2007年から導入された入学査定官制度の普及である。入学査定官制度は，非教科領域活動の記録や面接などを含めて受験生の多様な能力を評価しようとするものであり，まだ全国的には入学者の1割強という程度であるが，ソウル大学では8割の入学者選考に入学査定官が関与しており，入試全体への影響は大きい。これらの改革はいずれも依然根強い受験競争の緩和や私教育（塾・家庭教師）の縮小などを狙ったものである。たしかに教科学習における受験競争を抑えることには貢献したかもしれないが，非教科学習活動が評価されることにより，その対策の私教育が逆に増え，私教育は一向に衰えをみせていない[21]。また受験生負担の軽減のため，深層面接や論述試験も縮小の方向にある[22]。

　このような改革の傾向は中国でもみられる。中国でも長年の受験競争を緩和させる対策を様々に工夫してきているが，近年も「減負」という言葉で児童生徒の学習負担軽減のためのキャンペーンを張っている[23]。こうした流れの中で大学入試改革も検討され，前述した2014年9月「入試制度改革の深化に関する実施意見」では，2015年から独自事前選抜の連合試験廃止とともに，実施時期を全国統一入試の前に行っていたものを試験の後に行い，筆記試験の科目も最大2科目とした。

　台湾もまた同様である。2011年から独自選抜入学として行われていた学校推薦入学を繁星計画と統合して繁星推薦入学としたことにより，学校推薦入

学で行われていた個別大学の筆記試験等をなくし，高校成績を第一の選抜資料とした。高校成績は地方・学校で格差があり，このため台湾大学のように繁星推薦入学で学力の高い学生が期待できず，定員拡大に積極的でない大学もある[24]。さらに2022年導入をめざす新たな入試改革「多元入学方案」では，２種類の共通試験を簡素化し，受験科目を少なくしている。また，高校の学習ポートフォリオを大幅に取り入れる個人申請入学を全体の７割を占める主要な入学ルートにし，一般選抜である試験配分入学は２割以下に低下する見通しである。

　以上のことを要するに，1.1ではいずれの国・地域も筆記試験，とくに共通試験の実施・利用によって学力保証が機能している。中国の独自事前選抜，韓国の特別選考の一部，台湾の大学独自選抜入学にも共通試験が課される。このことは我が国がAO入試や推薦入試，あるいは私立大学の多くの受験者に大学入試センター試験が課せられていないこととは対照的である。

　1.2の筆記試験以外の要素については，高校での学習成績や知識・思考力を問う面接試験，さらには中国の推薦入試のように厳格な出願要件も学力保証に貢献している。我が国でもAO入試・推薦入試などでそのような例は一部みられるが，このことも各大学で検討する余地はあろう。

　しかし，1.3のように学力保証のメカニズムが後退する傾向が各国・地域にみられることは，学力の観点からは危惧すべきことである。この点について次項で述べる。

２．「主体性」を含めた学力評価への展望

　前項でみたような学力保証のメカニズムを弱める各国・地域の改革方向は，長年悩まされてきた受験競争の緩和という目的をもつものであるが，その一方では受験競争を緩和することによって受験生の資質能力それ自体をも変えようとする意図もそこにはうかがえる。その資質能力とは，たんに大学入試を対象にするのではなく，教育全般を通じて育成すべき新しい21世紀社会を見据えた資質能力であり，「思考力」や「創造性」「個性」「主体性」などをキーワードとしている。こうした資質能力を中国では「資質教育」，韓国では「新しい学校文化の創造」，台湾では「試験文化からの脱却」という教育

政策によって実現しようとしてきた。

　中国の資質教育は，先に見たように，1990年代半ばに提起され，「すべての子どもに目を向け，その基本的な資質を全面的に伸ばすことを根本の主旨とし，子どもの態度，能力に重点を置きながら，徳・知・体において生き生きと活発で，主体的に成長させることを基本的な特徴とする教育」と定義づけられている。さらに1999年6月に開催された全国教育工作会議では，資質教育を「創造性および実践能力の育成」を重点として全面的に推進することが決定され，またこれを初等中等教育だけでなく，高等教育，成人教育などすべての教育段階・分野を通じた教育改革の原則とするとされた[25]。

　韓国では，1995年5月金泳三大統領の諮問機関であった「教育改革委員会」が新たな教育改革の指針として「新教育体制樹立のための教育改革案」を発表，今日まで続く教育改革の方向を定めた。同「教育改革案」は韓国社会が直面している「知識・情報化社会」「世界化（国際化）」に対応するために「開かれた学習社会」への転換を目指し，生涯学習を含む教育の各分野について包括的な改革案を示した。初等中等教育については，「人間性および創造性を育てる教育課程の改訂」や「個性を育てる初等中等教育の改善」が示され，このための「初等中等学校の管理運営権限の拡大」を図り，教育の多様化を図っていくとされた。1998年に政権に就いた金大中大統領もこの教育改革の方針を引き継ぎ，伝統的な画一的学校教育を柔軟でリベラルなそれへと改変し，児童生徒の多様な能力の開発と創造力の育成を目指した「児童生徒を中心に置く」「新しい学校文化の創造」を訴えた。この方針はその後，盧武鉉政権以後に受け継がれ，改革が続けられている[26]。

　台湾でも政府諮問機関「教育改革審議委員会」が1996年12月「教育改革総諮議報告書」を公表し，ここで提起された内容が今日まで繋がる教育改革の基本路線となっている。同報告書は，台湾の教育が抱える問題について，「長い間の進学主義，学歴主義の影響によって，学校，家庭，教師，児童生徒がすべての資源を試験に向かわせるという，一種の受験のための奇妙な学校文化を形成し，知育を偏重する試験中心の教育」になっており，「創造的な科学教育」や「生活教育」「公民教育」などがおろそかになっていると指摘した。報告書は，教育改革の理念としてまず「教育の現代化」を掲げ，その内容として「ヒューマニズム化（人本化）」「民主化」「多元化」「科学技術

化」「国際化」と5つ指摘し，「科学技術化」においては，「未来の社会と国家の活力は民衆の行動能力と問題能力のうえに築かれるであろう」とし，「教育の過程においては知育偏重を改め，試験文化から各種の『キーコンピテンシー（関鍵能力）』の養成へと転換しなければならない」と問題解決能力やコミュニケーション能力といったキーコンピテンシーの概念を明らかにしている。台湾政府は2000年代に入って9年一貫の教育課程の編成や入試の多元化政策など，改革の具体化を進めていった[27]。

　このような基本政策のもとで，受験生に求め大学教育において養うべき資質能力を「基本的な知識・技能」から「問題解決能力」「思考力」「表現力」あるいは「創造性」「個性」へと広がり，さらにはそうした資質能力を自ら育む勉学への「興味・関心」「意欲的態度」「主体性」をも要求するようになっていったことが，近年の共通試験による画一的な選抜から筆記試験以外の選抜方法を取り入れる入試多様化への改革に反映されている。入学者選抜において共通試験・筆記試験の占める地位をいっそう相対化し，高校の学業・活動，志望動機，学習計画などの書類審査，面接試験などを含む多様な方法と評価基準によって入学者を選抜しようとする，以上でみたような各国・地域の試みは，そうした意味合いを多分に含んでいる。

　この方向は，我が国の動きとも非常に似ている。冒頭で述べたように，1990年代からの多様化改革を踏まえた上で，中央教育審議会は2014年12月の答申で，今なお筆記試験依存の入試が改善されていないとして，新たな学力観である「知識・技能」「思考力・判断力・表現力」「主体的学習態度」の3要素に対する「多面的・総合的な評価」を行うべきとした。そして，入試センター試験を「思考力・判断力・表現力」を測る新たな試験に組み替え，さらに個別大学の選考においては「主体性・多様性・協同性」といった人物中心の評価に転換するよう求めた。

　こうした改革は，「基本的な知識・技能」を中心とした学力の保証メカニズムを後退させた韓国が，個別大学の筆記試験禁止，入学査定官制度の導入，修能試験を利用しない特別選抜の拡大などによって逆に先行しているとみられる。台湾の「2022年大学多元入学方案」も，共通試験のみによる選抜を行う試験配分入学を主要な入学ルートからはずそうとしている。中国も一般選抜で全国統一入試成績による画一的選抜から地方の高校卒業試験や高校の調

査書を取り入れた選抜への転換を志向しており，また独自事前選抜でも対象を本来目指した「特定分野で能力の優れた者や潜在的な創造能力を持つ者」に焦点化，専門家の面接によるそうした能力の見極めを強調する方向性を示した。

　このような各国・地域の先行的な，あるいは同時並行的な改革の試みの行方，その成否は我が国にとって大きな示唆を与えることになるであろう。また我が国の従来からの課題である基礎的な知識・技能としての学力の保証を今後も求めつつ，新たな3要素の学力をどう確保するか，そのバランスをどうとるかについても引き続き重要な検討課題となるであろう。こうしたことからも，今後これら東アジア各国・地域の入試改革への取組みを注視していく必要があろう。

第5節　おわりに

　大学入試多様化における学力保証の問題を，主として共通試験・筆記試験以外の選抜方法の導入や多様化，評価基準の多元化，言い換えれば共通試験・筆記試験の入学者選抜における相対化といった視点から考察した。学力問題については，共通試験や筆記試験の内容から検討する視点もあるだろう。大学入試センター試験に代わる大学入学共通テストは，基礎的な知識・技能より思考力・判断力・表現力に重点をシフトした試験内容の改革を当初構想していた。そのために教科目横断的な総合試験も検討課題となっていた。しかし，中国で2000年代初めから20年続いた「文科総合」「理科総合」は問題作成の困難さや効果への疑問から廃止され，地方学業水準試験による社会・理科各単科目の試験に回帰した。こうした試験内容への考察も必要と思われるが，この問題はほかの機会に譲りたい。

注・文献

1）中央教育審議会答申「21世紀を展望した我が国の教育の在り方について」第2次答申（1997年），大学審議会答申「大学入試の改善について」（2001年），中央教育審議会答申「新しい時代にふさわしい高大接続の実現に向けた高等教育改革，大学教育，大学入学者選抜の一体的改革について」（2014年），文部科学省「高大接続シ

ステム改革会議の終報告」（2016年）

2）中央教育審議会答申「学士課程教育の構築に向けて」（2008年）。例えば，同答申32頁「今後は，各学校段階で最低限必要な知識・技能等を身に付け，若者が人生の階梯を着実に歩んでいく仕組みを再構築していくことが必要である」にその捉え方が表現されている。

3）この章の記述については，とくに注記がある以外は，『東アジアにおける入試多様化と学力保証に関する研究』研究成果報告書（平成24〜26年度科学研究補助金基盤研究（c）課題番号24530984　研究代表者　石井光夫）「第2章中国」「第3章韓国」「第4章台湾」による。

4）田中光晴「韓国」文部科学省『諸外国の教育動向2018』2019年，198頁

5）大学招生委員会連合会「大学招生委員会連合会及大学招生制度簡介」2017年12月19日

6）『中国教育報』2013年4月12日

7）「学業水準試験」は数年前から広東省や黒竜江省，上海市など一部地方で試行されている。多くは従来の高校共通卒業試験（会考）に代わる試験として実施，大学入試に利用する3科目は追加内容を加えて試験する。高校の操行評価や学業成績などを記録した調査書（総合資質評価）も「参考」にして「総合評価」する構想である。

8）田中光晴「韓国における大学入試の多様化とその後」東北大学高度教養教育・学生支援機構編高等教育ライブラリ12『大学入試における共通試験』東北大学出版会，2017年3月

9）資質教育の内容は多様であるが，1997年10月の国家教育委員会「小学校，初級中学の資質教育の積極的な推進に関する若干の意見」では，資質教育を「すべての子どもに目を向け，その基本的な資質を全面的に伸ばすことを根本の主旨とし，子どもの態度，能力に重点を置きながら，徳・知・体において生き生きと活発で，主体的に成長させることを基本的な特徴とする教育」と定義づけている。同意見は，こうした資質教育を推進するための具体的な措置として，学校間の格差是正，教育課程の多様化・学習内容の精選，小学校における百点法による成績評価の段階評価・評語による評価への転換，9年制義務教育の実施に伴う中学入試の全面廃止などを提起している。1999年6月に開催された全国教育工作会議では，資質教育を「創造性の育成」を重点として全面的に推進することが決定され，またこれを初等中等教育だけでなく，高等教育，成人教育などすべての教育段階・分野を通じた教育改革の原則とするとされた。

10）教育部考試中心命題一処研究員インタビュー（2016年11月24日）

11）清華大学招生処インタビュー（2016年9月19日）

12）教育部招生処インタビュー（2014年9月9日）

13）鄭廣姫「韓国の大入政策の変化と「入学査定官制」」（日本比較教育学会第47回大会報告，2011）。韓国大学教育協議会インタビュー（2012年9月10日）および同入学選考支援室資料（「教育環境の変化と大学の学生選抜方式の動向」）

14）ソウル大学入学署インタビュー（2015年9月21日），高麗大学入学署インタビュー（2015年9月21日）

15）大学入学考試中心インタビュー（2014年 3 月10日）

16）台湾師範大学および淡江大学でのインタビュー等による（2014年 3 月11日および12日）。現在，書類審査のための書類はすべて電子化されているため，入試業務の負担は軽減されている，という。

17）教育科学技術部大学入試政策課インタビュー（2012年 9 月11日）

18）『中国教育報』2012年 3 月26日

19）例えば，台湾大学人類学系の口述試験では，募集要項に「一般知識40％，志望動機30％，学習態度30％」と評価配分比が公表されており，知識の配点が高い。（大学招生委員会連合会・大学甄選入学委員会『103学年度（2014年）大学「個人申請」入学招生簡章』18頁）

20） 4 ）に同じ。

21）韓国教育開発院および延世大学入学処インタビュー（2014年 9 月11日）

22）韓国大学教育協議会インタビュー（2014年 9 月12日）

23）教育部は2013年 3 月から以下の内容による学習負担のための点検・管理活動を各省レベル教育庁（または教育委員会）に要請した。自己点検のほか，入学制度の正常化管理（無試験・学区制が原則），校外学習施設の管理強化，「身近ないい学校」の紹介活動，総合評価による高校入試改革など。（教育部　2013年 3 月20日通知　教育部 HP：http://www.moe.gov.cn/ 閲覧2013年 8 月22日）。また「小学生減負十条」も同内容を盛り込んで制定（教育部 HP：http://www.moe.gov.cn/ 閲覧2013年 8 月22日）。

24）台湾大学教務処注冊組インタビュー（2014年 3 月10日）

25） 9 ）を参照。

26）松尾智則「韓国」，文部科学省『諸外国の学校教育　アジア・アフリカ・オセアニア編』（文部省，1996年）所収。金泰勲「 3 ．韓国」，『東アジア地域における資質・能力関連資料』（国立教育政策研究所，2006年）所収。韓国教育部，Education in Korea，2001～2002．49頁

27）周祝瑛『誰捉弄了台灣教改？』2003年，心理出版社，3 ～14頁。行政院教育改革審議委員会「教育改革總諮議報告書」1996年（http://www.sinsica.edu.yw/info/edu-reform/farea2）（閲覧2015年 1 月20日）

第30回東北大学高等教育
フォーラム
「入試制度が変わるとき」から

　第10章として，標記フォーラムにおいて行われた「討議——パネルディスカッション——」の模様を収載した。パネラーは，フォーラムでの講演者であり，本書の第1章〜第5章の著者である。フォーラムでは，参加者（371名，主に高校教員，大学教員）にあらかじめアンケート用紙を配布し，各講演に対する質問や意見を記入してもらった。それらを収集後，寄せられた質問や意見にパネラーがコメントするという形で討議は進められた。したがって，第10章を読むにあたっては，講演内容に基づいて執筆された第1章〜第5章をあらかじめ読んでいただきたい。

　「はじめに」にでも述べた通り，現在，大学入学共通テストをめぐる状況は，フォーラム開催当時（令和元年5月15日）とは一変した。だからこそ結果的に，第10章は，多くの懸念や不安が解消されないまま新制度が始まろうとしていた当時，大学や高校では何を大事にし，何を守ろうとしていたかをうかがい知る記録となっている。

第30回 東北大学高等教育フォーラム
新時代の大学教育を考える［16］

入試制度が変わるとき

2019年 **5.15** ［水曜日］

時間／13:00〜17:00（受付開始 12:30）
会場／仙台国際センター会議棟2階大ホール
教育関係共同利用拠点提供プログラム 高等教育論L-01
主催／東北大学高度教養教育・学生支援機構

プログラム

［開 会］ 開会の辞　大野 英男／東北大学総長

［基調講演 1］ 共通第1次学力試験の導入とその前後 — 何が期待され何が危惧されたのか —
大谷 奨 氏／筑波大学教授

［基調講演 2］ 大学入試センター試験の光と影 —「平成」は「ポスト昭和」を超えたのか? —
倉元 直樹 氏／東北大学教授

［現状報告 1］ 地方公立高校における整理と構え — 入試制度変更への対応の成果と課題 —
渡辺 豊隆 氏／鹿児島県立大島高等学校教諭

［現状報告 2］ 入試制度の変更と現場で思うこと — 今までとこれからを考える —
廣瀬 辰平 氏／山形県立米沢興譲館高等学校教諭

［現状報告 3］ 高等学校の現状と、今、大学に求めること
宮本 久也 氏／東京都立八王子東高等学校校長

［討 議］ 討議

［閉 会］ 閉会の辞　滝澤 博胤／東北大学理事

お申し込み・お問い合わせ
東北大学高度教養教育・学生支援機構
[TEL]022-795-4815 [FAX]022-795-4815
[mail]forum28@ihe.tohoku.ac.jp [web]www.ihe.tohoku.ac.jp

[お申し込みサイト]
こちらのQRコード
からもお申し込み
できます▶

TOHOKU
UNIVERSITY

第 **10** 章

討議——パネルディスカッション——[1]

司　会	宮本　友弘	（東北大学高度教養教育・学生支援機構准教授）
	石上　正敏	（東北大学高度教養教育・学生支援機構特任教授）
パネラー	大谷　奨	（筑波大学人間系教授）
	倉元　直樹	（東北大学高度教養教育・学生支援機構教授）
	渡辺　豊隆	（鹿児島県教育庁高校教育課指導主事）
	廣瀬　辰平	（山形県立米澤興譲館高等学校教諭）
	宮本　久也	（東京都立八王子東高等学校校長）

1　本章は，「IEHE TOHOKU Report 80　第30回東北大学高等教育フォーラム報告書　新時代の大学教育を考える［16］　入試制度が変わるとき」（東北大学高度教養教育・学生支援機構，2019）の「討議——パネルディスカッション——」を，音声記録と再度照合し，加筆修正した上で再録したものである。

宮本友弘准教授（司会）：

　皆さん，こんにちは。討議の司会を担当させていただきます東北大学入試センターの宮本と申します。

石上正敏特任教授（司会）：

　同じく石上です。よろしくお願いします。

宮本友弘准教授（司会）：

　お時間が限られていますので，てきぱきと進めていきたいと思います。

　まずは，5人の先生方，ご発表ありがとうございました。会場の皆さんからは質問がたくさん来ておりまして，それらにできるだけ答える形で進めていきたいと思っております。

　今質問を整理しておりますので，まずは各発表者の皆様に，言い足りなかったこと，あるいは他の方の発表を聞いて，改めて強調したいということがございましたら，1人ずつお願いいたします。

　それでは，まず大谷先生から。

大谷奨教授：

　大体申し上げたいことはお伝えしましたので，時間を有効に使いたいと思いますので，私のほうは特につけ加えることはございません。

宮本友弘准教授（司会）：

　倉元先生。

倉元直樹教授：

　最後にちょっと余計なことを言いましたけれども，高校改革のニュースを聞いて，私は何か腹が座った気がしています。治まることはないな，これは，と。その中で何を考えるかということが，これから自分の課題になるのかなと思いました。以上です。

廣瀬辰平教諭：

　先ほど，なるべく生徒，保護者には自信を持ってと言ったのですが，色々聞きながら，英語の４技能の検定試験のことだけは分からな過ぎて，何もまだ今整理して話すことができないな，なんてことを聞きながら，不安というか，どうしようかなと思ったということだけ申し添えたいと思います。以上です。

渡辺豊隆指導主事：

　どうもありがとうございました。高校の普通科ですね。高校普通科の改革について少し触れさせていただきましたが，あの議論の発端が，高校普通科は大学への通過点に過ぎないというのが議論の発端だったと思うのですけれども，高校普通科としてはしっかり15歳から18歳，３年間きっちり育てていきたいということを思っておりますので，高校普通科が大学への通過点とはなっていないのではないかという個人的な考えを持っておりますので，高校現場としてはしっかり高校改革を，入試改革という外圧によらず，それこそ主体的に改革を進めていきたいと思っているところです。繰り返しになりますが，これは個人的な意見で，所属の意見ではありませんので，よろしくお願いします。

宮本久也校長：

　特に僕はつけ加えることはありません。質問の中でお答えしていきたいと思います。

宮本友弘准教授（司会）：

　はい，わかりました。

　それでは，会場の皆様からの質問を拾っていきたいと思います。

石上正敏特任教授（司会）：

　それでは，様々なご意見があるのですけれども，まず高校側から大学の先生にお聞きしたいということで，例えばセンター試験の改革がいろいろと進んでいく中で，大学の個別試験の改善については，意図して変わっていくも

のでしょうか。大学側はそのようなことを意識して入試を変えていくのでしょうかとか，あるいは大学の個別試験に任せればいいだけのことではないかとか，そういう質問がございますが，大谷先生，倉元先生，いかがでしょうか。

大谷奨教授：

　今回，話が逆になって，我々が個別学力試験をするときには，高等学校の学習指導要領に沿うという大きな縛りがありますので，その中でやってきたし，これからもやると。そういう中で，今回の大きな改革の次，直後にまた高等学校の学習指導要領の改訂が行われるわけですので，それを受けた受験生へどのような問題を提供するかというのは，学内的には問題になっています。ただ，大前提としては，学習指導要領に沿うということと，それからちょっと手前味噌になりますけれども，従来から学力の2番目の思考力，判断力，表現力というのは問うような問題を作り続けたという自負はあるものですから，それを前提としながら，さらにこういうことを聞いてくれとか，こういう力を問うような問題をという，むしろ高等学校の先生方のほうに，うちの問題はどうですかとうかがっていきたいとは考えております。

倉元直樹教授：

　なかなか難しいご質問だと思います。というのは，立場上，東北大学がこうするということは言えるものでもないし，言っていいものでもないし，ということなのですが，少し個人的な考えをお話しさせていただきます。

　今日の講演の中でも触れましたけれども，多分，ここで忘れてはいけないというか，今，とにかく思い出さなければいけないのは，大学入試というのは大学が決めるものなのです。つまり，文部科学省からの通知文にもありましたように，個別大学がアドミッション・ポリシーに従って決める，というのが筋だと思います。まず，その原点を忘れないようにしたいと思います。状況がこうだったからしようがないよね，ということで済まされる話ではないな，ということです。

　その上で，東北大学の例ということで言えば，やはりトータルな入試制度の設計がすごく大事なのではないかなと思っています。我々は，当たり前の

ように，自分たちのところに志願してくださる受験者の状況を，できるだけ我々の立場で察知しようということは心がけてきていますし，さらには今まで振り向いてくれていなかった人たちにも来てもらえるように努力をしています。その流れの中で出来ることは何かな，と思います。

　基本的には，入試は大学が主体的に決めるものだということを前提にして言えば，当然今の状況だからということではなくて，常に，我々がやっている入試に関しては全て反省をしながら，改善を繰り返してきたつもりですし，これからもそれは変わらないと思います。ただ，当然，いろんな状況には対応しながら改革を進めていくということなんだろうと思います。

宮本友弘准教授（司会）：

　ありがとうございました。

　廣瀬先生と渡辺先生，お二人にたくさん来ている質問がございままず。e-Portfolio の活用について，もっと詳しく聞きたいと。例えば有効性，あるいはこの使用に関して，かなり不安や疑念を抱いている声もございます。それについて，廣瀬先生からお願いします。

廣瀬辰平教諭：

　まず，本校では e-Portfolio の導入はしていません。それは，一部の業者によるところになってしまうのが少し疑問だったというのもありますし，本当に入試で活用されるのかというのが疑問だったというのもありました。その導入によって教員の手間が増えたりとかというよりは，もっと本質的なことをやろうということで，基本的に紙ベースで，言語による振り返りということをしてきて，ただデータとして残っていることは大事だと思ったので，電子上に入力させるということは物理的にはしたのですが，そういうことをしております。

　あとは，本校では校務支援ソフトを使っているので，そちらで調査書の変更とかそういったもの，もしくは入試で必ず使うような形式になったようなケースの場合は，業者と折衝して対応することになるかなと思っていますが，e-Portfolio について私から言えるのはそのぐらいです。以上です。

渡辺豊隆指導主事：

　ご質問ありがとうございます。先ほどもスライドでお見せしましたように，ちょうど大島高校の生徒たちの受験する大学と，活用しますよと手を挙げられた大学が合致したので，対応せざるを得ないというところが現状でした。さらに，大高の生徒は，志望校と受験校が変わることが多いので，3年夏まで言っていた受験校と実際の出願校が変わるということもありますので，あなたは対応しなくていいよ，あなたは対応しようねということが言いにくい学校の実態というのがありましたので，昨年の1年生から，今年は1年生，2年生ですが，JAPAN e-Portfolio に対応できるようなクラウドサービスを導入しております。その際も，JAPAN e-Portfolio というのは文部科学省の委託事業ですので，それについてはニュートラルな状態で入れることにはなると思うのですけれども，入り口は，某業者が，複数社あるのですけれども，その複数社を比較検討した上で，生徒が1人3,000円ちょっと払って導入するということにいたしました。それは，調査書の記述については，主語が「教員は」なんですけれども，e-Portfolio の主語は「生徒が」なので，生徒が自分の学校での活動等も含めて，特に奄美大島はボランティアとか，地域活動とか，非常に多岐にわたって学校外の活動があるので，そういうことも踏まえて生徒が記述できるプラットフォームを揃えたいというのもありまして，導入に踏み切りました。

　先ほど申し上げたように，JAPAN e-Portfolio というのは，出願のシステムの名前ですが，大高としては e-Portfolio という教育の機能として振り返るとか，そういうところも活用していますので，教育の活動の一環として使いながら，最終的に困らないように，e-Portfolio についても生徒が入力するシステムを整えたというところになります。

　まだ検証というところまで行っていませんけれども，昨年卒業した3年生の中にも e-Portfolio を出願時に使って出願したという生徒もおりますので，今後どういう教育の効果，あるいは負担感があるかというのも踏まえて検証が必要かと思っているところです。以上です。

宮本友弘准教授（司会）：

　廣瀬先生のご発表の中で，e-Portfolio じゃなくてもポートフォリオという

のは形成的な評価のツールとして非常に意味があるということだったと思うのですが，現実的に先生から見て，あるいは生徒から見て，どういう有効性が見られていますか。

廣瀬辰平教諭：

　ちょっと難しいなと思っているのですが，多分人間って，まず考えたことをずっと頭の中に記憶しておけないと思うので，ある時期にある学びをしたときのものを言葉にして残されているのは，すごく大事だと思っています。あとは，どうしてもあるまとめた時期に，それまでの学びを振り返させることに，進路的なものについてはなるのですが，そうした際にやっぱり生徒はいろんな経験を忘れていて，自分にとって何がいつ起こって，どういうものだったかということ，結構忘れていますので，それを思い出させるというのでも，かなりそれだけでも効果があったかなと思います。

　あとは，多分表現していく過程でうまく表現できないとか，伝わらないという経験も生徒はしていくと思うので，その伝わらないというところから，では自分が足りないところ，考えなければならないこととか，そういったことをさらに深めていくというきっかけになると思うので，そういった手応えは，数字で出せるようなものではないのですが，あると感じています。

　あとはこれから本当にそれを教員が使うというところまでいかないと，余り意味のないものになって，生徒の作業になってしまうかなと考えています。

宮本友弘准教授（司会）：

　渡辺先生に実際に e-Portfolio を活用されていく中での負担についての質問がございます。先生の負担，生徒の負担，そういったところは具体的にどんな感じでしょうか。

渡辺豊隆指導主事：

　負担もありますが，良さもあります。生徒の変容が見えるというところですね，ポートフォリオの良さはあると思うのですけれども，ペーパーで出しなさいというのと違って，一覧で見ることもできるのですが，生徒への入力促進というところが，少し教員側にとっては負担もあります。紙の提出を促

すのと同じ手間ではあると思うのですけれども，今書きなさいと言えないから，家に帰ってからパソコンで入力しなさい，あるいは家でスマートフォンで入力しなさいということがありますので，入力促進というところで少し負担感というのがありますので，それについてはまた学校のほうでも，今大島高校は学校の中にスマートフォン等の持ち込みについては，届け出制で許可していますので，それについてどう活用するかというところについても探りながら，入力促進の方法について効果的な方法を探っているところです。ちょっとそこが教員にとっては入力促進の声がけが多くなったかなというところになります。

石上正敏特任教授（司会）：

　もう１点だけ，e-Portfolio に関して，これはむしろ大学側に質問するという内容かと思うのですけれども，昨年のこの会は主体性評価をテーマとして開催させていただいて，主体性を生徒に求めること自体，その主体性を奪うことになるのではないかというお話があったわけですけれども，今年はこんなご質問が来ております。e-Portfolio で様々な活動を記録して振り返りをすることが必要になっていく。また，授業でも話し合いや積極的な発言が求められる。

　一方で，真面目に勉強していき，静かに自分の中で物事を解決していくような，いわゆる勉強ができるけれどもおとなしい生徒は，特徴がないというのでしょうか，そういう生徒は進学が難しくなってしまうのかと考えてしまうが，その辺の評価はいかがなものでしょうかということでございます。お二人，よろしいでしょうか。

大谷奨教授：

　そういう馬鹿な話はないだろうと。いわゆる学力，基礎基本とか，判断力とか表現力はあるけれども，主体性がない人が落ちるようなシステムとか，逆に１番目，２番目の学力がないのに，主体性だけある人が合格するようなシステムというのは，ちょっと想像しにくいし，運営する側は，多分多くの国立は考えていないだろうと思うので，そういう心配はしなくてもいいのかなという気はします。

　若干，自分の発表とは関係なくて，本学のという話で内々の状況をお話ししますと，先ほどから2年前予告という話になっているのですけれども，うちの大学は今使っていないのですけれども，仮に使うとなると，実は高校1年生のときから入力しなきゃならないということですから，3年前予告ということを考えなきゃならんということを考えますと，相当決断するには慎重さが求められるだろうということでありまして，実際に入力していただくことはものすごく良いことだと思うし，やっていただければと思うのですけれども，実は先ほどの発表を聞いて，廣瀬先生が主体性等の評価というのは形成的評価じゃないのかということに，私は全面的に賛同する立場にいますので，それをさらに伸ばしていくという意味では，大学が引き取っていきたいとは思っております。

倉元直樹教授：

　さっきと違って，今度は東北大学の話から入ります。昨年12月に「基本方針」というものを発表しました。その中に「調査書等の扱い」という項目があります。一言で言えば，まず主体性の評価に関しては，「調査書以外のものは使いません」ということを明言しています。もう一つは，どういうときに使うかというと，合否ぎりぎりのラインのところで同点になったときに使います。

　実は，この話は，お隣におられる大谷先生の筑波大学と相当話をしてきました。つまり，大学がばらばらの対応をすると，高等学校が調査書の書き方に困ってしまう。当然，利用の仕方というのは，それぞれの大学の考え方があるので，我々の大学では「チェックリスト」として課して，受験生に自分で申告してもらうというやり方です。その根拠資料として調査書を使う，という建て付けになっていますが，実は，もう筑波大学が3月に調査書の使い方を公表されていますが，その様式にチェックの仕方をピタッと合わせるということを，前々から方針として決めて検討しています。公表はしばらく先になるかなと思います[2]。

2　令和元年7月17日付で東北大学入試センターウェブサイトに「令和3年度（2021年度）一般選抜入学試験における主体性等の評価について（予告）」が公表された（http://www.tnc.tohoku.ac.jp/images/news/20190717yokoku_2.pdf，最終閲覧日2019年8月21日）.

精神としては，まず私どもは AO 入試の割合がかなり大きくて，今，募集人員の 3 割を AO 入試に割くということで改革を進めてきているのですけれども，そこではかなりいろんな形で活動を出してもらって，評価してきたところです。それと一般入試の建て付けとは違うのだと思うのですよね。一般入試，これから一般選抜に名前が変わりますけれども，基本的には，本当に広い意味で門戸開放，万人に開かれるということなので，たまたまそのときの得点が，東北大学に見合ったということで受験していただいても全く構わない。入ってからやることの中心が研究なので，そのために一番何が大事かというと「学力ですよ」ということは一貫して言ってきたことです。いわゆる主体性評価のポイントを稼ぐことのために時間を使われるというのは，一番嫌なことなんです，大学として言えば。

ですから，その辺，「積極的に主体性等の評価も取り入れましょう」というのは国の方針ですし，我々も AO 入試という形で，それは今までも表現してきたものなので，一般入試のほうに関して言えば，現場で混乱を与えないように，今まで以上の活動を何か求めるということをしない，というのは，学内方針として多分もうコンセンサスができ上がっているところで準備をしています。他大学にもぜひ，高等学校側のことを考えると「歩調を合わせましょう」と呼びかけたいところではあります。

石上正敏特任教授（司会）：

それでは，話題を変えまして，次に英語の外部試験についてのご質問です。英語の外部試験について，特に経済的な大きな負担について，どうお考えになっているか。また，外部試験の導入が高校の英語の指導にどのような影響を与えているかということです。ご質問は，渡辺先生にということだったのですけれども，あわせて廣瀬先生にもお願いできればと思います。

渡辺豊隆指導主事：

英語の外部検定試験についてのご質問ですが，奄美大島の島内では，認定された試験のうち，英検と GTEC の 2 つの会場が設けられるかと思います。

先ほど申し上げましたように，離島僻地等で例外措置として，この 4 月に認定されましたので，現 2 年生は11月以降に受けたものを 3 年生に受験した

ものとして変えられるという例外措置も出されたのですけれども，肝心の4技能を測る試験会場が島内にこのようにないですので，結果的にどうしても本土まで行って受けなければいけないということなので，措置的には例外措置ができたのですけれども，なかなかそれを有効に活用できないという現状もあります。なかなか経済的，地理的な格差というところが解消できないかなと思っているところです。

　それと，英語の授業の中身，影響については，これについては検定のための授業とは，大高の場合はなっていないので，きちっと学習指導要領に則って授業しているというふうには言えるかと思います。以上です。

廣瀬辰平教諭：

　本校の場合は，恐らく本校も GTEC と英語検定を使うことになるかと思います。それについては，2年生はその2つを校内で受験するのですが，ただ，まずその試験の準備のための，今回模擬試験，検定試験分の受験料がふえていますので，経済的負担といえば，保護者の方々にはそれ以外の部分でちょっと努力はしていますが，求めることになろうかと思います。本校の場合は，今のところ目立ってお金が払えなくてという状態ではないので。ただもちろん保護者，生徒への負担というのは配慮しながら進めていかなければならないなと考えております。

　あとは，全体の中で見えていない配慮すべき生徒がいるかどうかというのは，これから情報を整理しながら考えていかなければならないと思いますし，11月に保護者向けの進路説明会がありますので，その時点ではある程度見えている部分とか，学校でできる手立てとか，そういったことは話ができるように準備していきたいと思っています。授業については，ちょっと私も英語科ではないのでわからないのですが，ただ以前に比べて，4技能が使われるとなる前から，話したりとか，聞いたりとか，そういう言語活動が多く取り入れられた授業はされているなと見てきました。それが4技能につながるかどうかとなっているかと思いますが，4技能試験が入試に使われるからやっているというような授業ではないと思っています。以上です。

宮本友弘准教授（司会）：

　ありがとうございました。同じ英語に関連したことで，宮本久也先生に質問がございます。宮本先生のお話を聞いて，この英語民間試験をはじめ，このままで大丈夫かというような不安を示す声がたくさん上がっています。それで，質問なのですが，高校の教育現場で不安が募り混乱が生じつつあることを文部科学省は承知しているのでしょうか。あるいは，受験生本位に考えるなら，そろそろ高校側から延期あるいは中止を求めるような時期かとも思うのですが，どうお考えでしょうか。少し重い質問なのですが，よろしくお願いいたします。

宮本久也校長：

　大変難しい質問だと思います。さっきもお話したように，結局英語の資格・検定試験が具体的にどのように行われるかということが，今の段階でもはっきりしないわけです。

　だから，それが見えてこないと，なかなか動きようがないというところが正直あります。ただ，どんどん時間が経っていくわけで，やはりある程度のところで物を言っていく必要があると思います。ただ今でもこの英語の資格・検定試験活用に関する様々な委員会等で，今私が話しているようなことは，高校側の委員は言い続けています。だから，文科省はじめ関係者の方々がわかってないはずはない。ただ，結局さっきもお話したように，その対応を全て民間事業者に任せているので，話がなかなか前に進まない。

　だから，どこかの段階でこれはきちんとしなくてはならないし，その時期が大分迫ってきていると思うのですけれども，どこでどのタイミングでやるのかというのは，なかなか難しいですね，非常に。

　昨年秋に東京大学から申し入れがあって，ワーキングが文部科学省に設置されたわけですけれども，12月にワーキングが設置されてから，もう半年近く経っていますが，何の答えも出ていないという状況で，この内容もオープンになっていないのですよね。だからそういうことをはっきりと表に出してもらわないと，結局今不確かな情報だけが広まってどんどん不安が募っているということで，そういう意味でもきちっと出せる情報は早く出してほしいということは今までも言っていますし，これからも言い続けていく気持ちで

います。そういう意味では大学のほうからも声を上げてほしいと思います。審議会などでも大学の委員の方からは，余り声が上がりませんからね。だから，ぜひ色々なところから声が上がってくれば，もう少し状況が変わってくる可能性があると思います。

宮本友弘准教授（司会）：

なるほど，声を上げていくということなのですが，それに関して大谷先生のご発表のまとめのところで，変更可能性について言っていたと思います。試験日問題のことで。そのあたりのことを踏まえますと，今の状況をどうお考えですか。

大谷奨教授：

個人的にはやはり取り入れるのはどうなのかなと思いつつも，大学として国大協からある程度のガイドラインが示されているとなると，乗らざるを得ないという感じで，我々筑波大学は使わなくても，それを素点として認める。使った人の場合には加点するけれども，200点で打ちどめという形にしたのですけれども，それはこっち側からするとぎりぎりの選択であったということで，かなり消極的なのですけれども，もし中止になったとしても，何か大きな制度設計の変更がなくて済むように，自分たちを守るみたいな形にしてしまったというものがあります。

ただ，共通1次のときに，僕らだと中学校や高校だったので，実は今回調べてわかったことが非常に多くて，実は入試期日を変更した，それも高校の強い要望によるものだとわかったのも，実は最近のことですので，具体的にどういうアクションかというのはイメージしていないのですが，もう決まったことだからとか，無力感という形での対応というのは，ちょっとだめなのかなという感じで，少し心を入れかえようかなと今回勉強している最中に思いました。ただ，私が心を入れかえるのと，組織が変わるかというのは，また別問題ですので，このあたりで勘弁してほしいかなと思います。

宮本友弘准教授（司会）：

そのあたりは悩ましいと思います。

倉元先生と大谷先生両方に来ている質問なんですが，先生方のご発表で共通1次とセンター試験とあったのですが，これらの改革と現在の大学入試の共通テストの改革の問題点について，共通するものと違うものは何か。今後へのインプリケーションは何かということについて質問がございます。それについて，では倉元先生からお願いできますか。

倉元直樹教授：

　大きな話ですね。正直に言いますと，共通1次導入のときも，そこから大学入試センター試験に変わったときも，教育に関して大真面目な議論をしていたなと僕は思います。今回は，教育だけに関して考えていては全く理解できない，というのが正直なところです。そこが一番大きく違うのではないかなと思っています。だから，今までであれば，もしかすると声を上げて云々といったことが，実際に力として通用してきたのかもしれないんだけれども，現場にいる感覚として言えば，それはなかなか難しいよね，というのが正直なところです。

　幸い，東北大学という大学は，ボトムアップの議論を結構大事にしてくれるところなので，さっきの話，英語外部試験の件ですけれども，まずワーキンググループみたいなのがすでにあったのです，この問題に関しては。そこのメンバーで，随分時間をかけて状況を共有しました。さらには国立大学協会の方針，これは他のことも含めて聞いたのですけれども，「一般入試の全ての受験生に外部試験を課すということに関してどう思うか」というのを高校に調査しました。東北大学に多くの受験生を送り出す高校ということで，我々にとってのステークホルダーですけれども，結論から言うと，国大協方針賛成は8％でした。それは，初年度ですね，「外部試験を求めない」ということを，昨年の基本方針で発表しましたけれども，その理由にはなったのかなと思います。

　ですから，ここから先は個人的な考え方なのですが，やっぱり「受験生保護の大原則」と入試の主体が大学にあるということをどういうふうに考えるかですね。それを一番に考えることしか，今の状況ではできないのかなと思っています。というのは，またロジックなんですけれども，英語に外部試験を入れることの根拠は，ポジティブフィードバックですね。「高校教育を

変えるため」というロジックなんです。それと様々な状況を考えたときに，その効果がどのぐらいということの見積もりと，私どもの受験生をきちんと守れるのかという話，どちらが重いか，ということになります。大学として，それをどう考えるかという課題が突きつけられたと思っています。

　ということで，ちょっと聞かれたことと違うことを答えてしまったのかもしれないのですが，今回の改革では，おそらく教育の中だけで考えても答えが出ない問いを投げかけられているような気がします。

大谷奨教授：

　何か昔というか，かつてのものと今の比べてというので，気がつくこと3点ほどあるのですけれども，1つは発表させていただきましたように，共通1次の場合，非常に長い論議で，国民的と言っていいような検討の場所で論議されたというあたりが，実は今回とは全然違う部分があるかなと思いながら，見ておりました。

　それから2つ目は，実はこれは似た部分ということになるのかもしれませんけれども，2次試験で工夫するということが，今回も多分求められるような気がするのですけれども，これも発表でお話ししましたように，前回はあっという間に息切れしてしまった。人的資源とか，財源も枯渇して，結局普通の学力試験をすることになったという経験があるのであれば，それがわかっているからということで，前もって手当てできないかということをやっぱり考える必要があります。

　それから，3点目は，今の倉元先生のお話で気づいたのですけれども，高校教育が変わったから入試も変えなきゃだめだとか，あるいは高校のために何とか大学入試を変えなきゃだめなんだというところは，共通1次も，これもお話したように，調査書と共通テストで大学入試というのをしましょうとなっていたのが，いつの間にか調査書の話がなくなってしまって，2次の前に1次をするという大学側の論理に変わっていったというところが，実は見てとれたような気がします。

　今日の英語の4技能にしても，実は最初の論議の出発点は，これからは高校で4技能やるから，大学でもしっかり見てくれと，そういう筋であったはずが，いつの間にか4技能を入試に入れることによって高校の教育を変える

という話にいつの間にか変わってしまっていると。いつ変わったのかというあたりは，精査しなきゃだめだと思うのですけれども，結構その上下関係が簡単にひっくり返るというものがあるので，そのあたりはやはり気をつけて見ていかなくてはならないのかなというふうに思います。

石上正敏特任教授（司会）：

それでは，次のご質問ですが入試改革に対する高校現場での教員間の意識の差というか，認識の差というものがあるのではないかと。学校にもよると思いますが多かれ少なかれ，そういう意識の差，認識の差があるという前提で，それをどのようにして埋めていくか，解消しているのかという点について高校現場の3名の先生方にお聞きしたいということでございます。渡辺先生，廣瀬先生，宮本先生，お願いいたします。

渡辺豊隆指導主事：

高校の教員の中での入試改革に対する受け止め，あるいはそれの対応に対する取り組みの温度差というところかもしれませんが，根本的にはまだ情報が少ないとか，不透明というところがありますので，何か大きく変わるのだなという動きについての認識はあるのですけれども，それに向かってどうしていくかというところの具体的な方策については，なかなかまだ共通実践までは行っていないなというところになります。

多くのことを情報収集しながら，こう変わったときにはこう動こうとかいう中で，進路指導の多様化というところでの準備はしているのですけれども，外部検定試験の対応については，動きはあるのですけれども，AO入試，推薦入試，学力検査が名前は変わり，学校型選抜，推薦とかですね，こういう形に対する取り組みというのは，色々な準備段階のところかなと思っているところです。

教員の認識については，入試も大幅に変わるというところもあるのですが，繰り返しになりますけれども，入試が変わるから授業を変えようということよりも，先ほどご指摘いただいたように，学校側で頑張っていることをちゃんと評価してほしいという気持ちになれるように，学校現場のほうは授業改善とか，カリキュラムマネジメントとか，その辺も積極的に取り組んでいる

最中であります。

廣瀬辰平教諭：

　まず，この高大接続改革会議があって，答申が出たときから，理念と具体的な情報とは分けて理解する必要があるなとずっと思っています。教育に対する理念については共感できることもとても多くて非常に勉強になることもありますし，保護者に説明したことは多々あって，それと具体的に入試の仕組みがどう変わっていくかというのは，また別の視点で整理する必要があるかなと思っています。

　その上で，まず情報については，いろんな場でいろんな情報が発信されているので，そういった場に先生方に行っていただくというのが，一番広めるポイントになるかなと思います。ただし，それだけだといろんな形でその情報がいろんな解釈がされてしまうので，最後は学校の中でどういう教育をしていくかということに落とし込む必要があるんだろうなと思っています。そのために，基本的には教員間で話すことと，あとは先ほど私もスライドの中で年3回職員研修があると申し上げましたが，そういう場で教員が喋るような，しっかり普段の教育を見直したりとか，その教育がどこに向かうのかを喋る場を設けることで理念も共有しながら，情報を整理していくことができていくのではないかと思っていますので，そういう場を使ってクリアしていきたいなとは思っています。

宮本久也校長：

　確かにこの認識の差というのはあると思います。一つは，それぞれの学校の体制とか組織力，そこによってこれは大きく違うだろうなと思います。多くの先生方は真面目ですから，つまり今目の前の子どもの指導にまず注力してしまって，先のことは考えていない，考えられないみたいな方もやっぱり結構いらっしゃるわけです。それから，学校全体が，今廣瀬先生がお話になったように，例えば定期的にそういう校内研修等を開いて，情報の共有化をするとか，そういうことがしっかりできている学校はかなり危機感もあるし，いろんな対応が組織的にとれていると思うのですけれども，必ずしもそうでない学校も残念ながらまだありますよね。いわゆる蛸壺みたいな学年ご

とでその指導が完結していたりとか，あるいは教科の中でなかなか教科を超えてのいろんな情報の共有ができていないようなところもあったりして。だからそういう学校は非常に遅れていますよね。

　逆に非常に危機感を持っているところは，早目に情報をキャッチして，校内研修をしたりして，先生方の意識を，認識を共有して動いているところがあって，そこによって多分相当差があるのかなと。私がいつも校長会等で話をしていたのは，校長先生ご自身が，この問題を主体的に自分の学校のものとして捉えて，自分でしっかり情報を整理して，咀嚼して先生方に伝えてくださいと。一番まずいのは，業者に振り回されるということなんです。業者のほうがいろんな情報を持っていますから，それが学校に流れてきて，いわゆるバスに乗り遅れるな，というような情報で，ばばっと動いてしまう。そういうことをやってしまうと，本質を見失うということがあるので，そういうことがないようにと，いうことは機会あるごとに話をしていますし，そういう意識を持っている学校が大分今多くなってきているとは思います。

宮本友弘准教授（司会）：

　ありがとうございました。若干ずれるかもしれないのですが，渡辺先生と廣瀬先生にお聞きします。そういう色々な意識がある中で，先生方個人の意見でもいいのですが，宮本先生の最後のスライドにございましたように，大学に求めたいこととしては，具体的にどんなことを今，認識されているでしょうか。では，廣瀬先生からお願いいたします。

廣瀬辰平教諭：

　まずは，ちょっとわかりづらいかもしれませんが，2点で，やっぱり高校と大学で入試を作っていくと言ったら語弊があるかもしれませんが，そういう場としてもっと高校教員と大学教員が喋る場というのが設定されるといいかなと考えています。

　もう1点は，やはり情報が早く正確な形で出てくることはすごく望みますので，個別入試がどういうふうに進んでいくのかということを早期にわかりやすい形で，早目に情報提供していきたいという2点です。以上です。

渡辺豊隆指導主事：

　高校の現場から大学側にというところですが，今ご指摘あったように，地元，鹿児島大学と高校の教員の協議会というか，連絡協議会という形で説明会だったり，協議会だったりというところを設けています。なので，色々情報をお互いに共有しながら，生徒のために，受験生のために作り上げていただければなと思います。

　それと，先ほどの回答にもありましたけれども，それぞれの大学が求めている生徒，学生像というのがアドミッション・ポリシーで出されていると思うのですけれども，大学名を隠してアドミッション・ポリシーを見れば，これはどこの大学だというのがわかるかどうか，ちょっとまた難しいと思うのですね。なので，東北大としては学力，研究力重視という方針は示されておりますけれども，いろんな大学で推薦入試も取り入れたい，だけど，学力も求めたいとか，さらにより上にとかいうのをどんどん積み増しされるというのも高校としては困ります。学力，主体性，全部を求められるというのは，少し難しいのもありますので，それぞれの大学の機能というのをしっかりと提示していただいて，地（知）の拠点とか，それぞれありますので，そういうところのポリシーというのも教えていただければ，生徒にも指導しやすいかと思います。以上です。

宮本友弘准教授（司会）：

　では，今の高校の先生2人の求めることを聞いて，大学の先生方から，それにどう応えていくかという意見が欲しいのですが。では大谷先生から。

大谷奨教授：

　実は同感とか共感する部分が非常に多くて，私，高校の教育とか，学校経営とかに興味があるものですから，大学の紹介とか，宣伝で高校の進路指導の先生方のところに行くときも，気がついたら学校経営とか進路指導のあり方とか，そんな話によくなってくるのが多いのですけれども，その中で例えばこっちへのフィードバックとか，あるいは高校の実態を知るという機会になっているのですね。

　一番最近の例でショックだったことをお話ししますと，うちの入試では今

度総合選抜で調査書を使うということで，余り先生方のご負担にならないように
うにという形で，どういうふうに調査書が作成されているのかという話を伺
いに行ったときに，私はてっきり初任研か，あるいはその途中の研修で調査
書の書き方の研修というのがあるのだと思っていたのです。ないですと言わ
れたときに，えっとなりまして，これはかなり前提を変えて話を進めなけれ
ばならないというのがその場でわかったりするということがあります。なの
で，一緒に喋る場所，あるいは情報共有できる場所があるといいというのは，
私も全く同感です。

　ただ，一方で渡辺先生がおっしゃったように，実は筑波大も茨城県の高等
学校の先生の進路指導部会と年に１回定期的に懇談会の場を設けているので
すけれども，結局，茨城大学と県立医療大学と私たちで大学の説明を一方的
にして終わりという形になってしまって，連絡協議会の狙いというものが，
情報の共有とか，こういう人が欲しいとか，こういう入試にならないですか
という要望を示す場所にならないというので，機会はあるのですけれども，
それをどういうふうに実質化させていくかということは，また考えていきた
いと思っております。

倉元直樹教授：

　ちょうど今日のこの機会をそういう場として利用していただければという
ことが，私の願いです。以上です。

宮本友弘准教授（司会）：

　この場がそういうようなコミュニケーションの場になればいいということ
ですね。ありがとうございました。

　そろそろお時間が迫ってきたのですけれども，共通１次，そして入試セン
ター試験ということを見てきまして，そういった歴史的な財産を踏まえなが
ら，やはり宮本先生の最後のスライドにありますように，現在の入試改革が
円滑に進む上で，積極的な提言というのを行っていく必要性もあると思いま
す。そういった意味で，最後にまとめとして，それぞれこれからに向けての
提言とまでは行かないまでも，何かメッセージをまとめとしてご発言いただ
けますでしょうか，順番に，それでは大谷先生からお願いします。

大谷奨教授：

　高校での教育ではなくて，もっと言うと小中高の教育が大きく変わっていくということは，話にも聞いていますし耳にもするということで，当然それを大学が引き継いでいかなければならないということを考えると，先ほどの話に戻ってしまうのですけれども，大学自身が高校教育をよく知らなければならないだろうと。本当に最初に戻ってしまうのですけれども，どうしても自分の受験経験，あるいは自分の受けた高校教育から脱した論議というのが大学の中では非常にしづらいという部分があります。あるいは，昔の大学と高校との関係という形で，今でも時々高校は大学の予備教育だからと平然と言う大学人もいるということになりますと，まずそこから変えなきゃならない。どうして変えたらいいかというと，先ほど言ったような対話の場とか，話し合いの場，あるいは我々がさらにもっとよく高校のほうに出かけていってお話を伺うということが必要なのかなと思います。

　営業となってしまうかもしれませんけれども，今日おいでの先生方の高校にもお邪魔して，色々お話を伺うという機会をなるべく作っていきたいと思いますので，そのときには邪険にしないで話を，胸襟を開いてしていただければと思っております。

倉元直樹教授：

　「受験生保護の大原則」ということを言わせていただきましたけれども，その一番大事な「受験生保護の大原則」にのっとって，どういうふうに意思決定をしていくかということを問われているのだということは，多分，本学の入試にかかわる関係者には，ある程度理解してもらえていると思います。それをまず東北大学としてはこれから示していくということになるんだろうなということが一つです。

　あと，フロアに向かっての呼びかけということになるかと思います。大丈夫という保障は，私はできないですが，できる限りの努力はさせてもらいますので，どうか高校の先生方，それから受験生を送り出す立場の方，そこは信頼していただければなということは一つ思います。

　もう一つは，他大学様にぜひこの状況を共有した上で，お互いの利益と，それから大学側ができる形で高校側にどういうふうに手を差し伸べていける

かということを一緒に考えさせていただけるとありがたいなとは思っています。こんなところで終わらせていただきます。

廣瀬辰平教諭：

　今日はありがとうございました。改めて大学側から発信されるメッセージとか，そういったものをしっかり読み取っていって，生徒におろしていかなければならないなということと，あと私はこれ入試が変わる，変わらないに関係なくずっと思っているのは，生徒をどうやって育てて大学に送り出すのかということに尽きると思うので，そこをブレずに，具体的な情報とか，そういったものをキャッチしていかなければなとあらためて感じたところです。今日はありがとうございました。

渡辺豊隆指導主事：

　今日のテーマは，制度が変わるときということですので，制度が変わるといえば，ピンチをチャンスにという言葉が出てくると思うのですけれども，今回のことについて，できるだけリスクを回避したいと。色々な混乱とか，リスクとか，そういうのを回避したいというのがちょっと先に立ってしまって，ちょっとギャンブルはできないなというのが昨年まで進路指導の世話役として考えていたところでした。不安とか，そういうのを煽らず，生徒が少し上向きに頑張れるように，今日のポスターは灯台が書かれていましたけれども，一筋の光が生徒にとっても道しるべになるように，これからも頑張っていきたいと思います。本日はありがとうございました。

宮本久也校長：

　やはりお互いがお互いを理解して情報共有するということが，何よりも大事だと思います。ここ数年で本当に子どもたちも急激に変わってきています。学校の教育もかなり大きく変わりつつあります。その変わっていく子どもたちを何とか良くしていこうという努力をされている学校がかなりたくさん今出てきていると思うし，そういうところをぜひ大学の方々にもわかってもらいたいと思います。逆に言うと僕ら自身も各大学が様々な努力をされているんだろうけど，なかなかその努力の様子が十分見えてないというところもあ

るんですよね。これからの時代を背負う人をどう育てるかというのが，高校にとっても，大学にとっても極めて大事なので，そういう意味でももっともっとお互いが情報を共有する，課題も共有する，そういう中で少しでもいい方向に行くように一緒に進んでいくということが何よりも大事かなと思っています。

宮本友弘准教授（司会）：

ありがとうございました。そろそろお時間なので，今日はこれで終了にしたいと思います。5人の先生，どうもありがとうございました。

文　献

東北大学高度教養教育・学生支援機構（2019）．EHE TOHOKU Report 80　第30回東北大学高等教育フォーラム報告書　新時代の大学教育を考える［16］　入試制度が変わるとき　東北大学高度教養教育・学生支援機構

執筆者紹介

宮本友弘　　（編　者）　　　　　　　　　　　　はじめに・第10章

大谷　奨　　（筑波大学人間系教授）　　　　　　　第1章・第10章

倉元直樹　　（監修者）　　　　　　　　　　　　第2章・第10章

廣瀬辰平　　（山形県立米沢興譲館高等学校教諭）　第3章・第10章

渡辺豊隆　　（鹿児島県教育庁高校教育課指導主事）第4章・第10章

宮本久也　　（東京都立八王子東高等学校校長）　第5章・第10章

羽藤由美　　（京都工芸繊維大学基盤科学系教授）　　　　第6章

伊藤博美　　（秋田県立秋田北高等学校教諭）　　　　　　第7章

石井秀宗　　（名古屋大学大学院教育発達科学研究科教授・

　　　　　　教育基盤連携本部アドミッション部門部門長）　第8章

寺嶌裕登　　（名古屋大学教育基盤連携本部アドミッション部門特任助教）

　　　　　　　　　　　　　　　　　　　　　　　　　　　第8章

橘　春菜　　（名古屋大学教育基盤連携本部アドミッション部門特任准教授）

　　　　　　　　　　　　　　　　　　　　　　　　　　　第8章

永野拓矢　　（名古屋大学教育基盤連携本部アドミッション部門准教授）

　　　　　　　　　　　　　　　　　　　　　　　　　　　第8章

石井光夫　　（東北大学高度教養教育・学生支援機構教授）　第9章

※第10章　討議
　　司会：宮本友弘　（編　者）
　　司会：石上正敏　（東北大学入試センター特任教授）

●監修者紹介

倉元直樹

東北大学高度教養教育・学生支援機構教授。東京大学大学院教育学研究科教育心理学専攻（教育情報科学専修）第1種博士課程単位取得満期退学。博士（教育学）。大学入試センター研究開発部助手を経て，1999年より東北大学アドミッションセンター助教授（組織改編により現所属）。東北大学大学院教育学研究科協力講座教員を兼務。専門は教育心理学（教育測定論，大学入試）。日本テスト学会理事。全国大学入学者選抜研究連絡協議会企画委員会委員。

●編者紹介

宮本友弘

東北大学高度教養教育・学生支援機構教授。東北大学大学院教育情報学教育部修了。博士（教育情報学）。メディア教育開発センター助手，びわこ成蹊スポーツ大学准教授，聖徳大学准教授，東北大学高度教育・学生支援機構准教授を経て，2020年より現職。東北大学大学院教育学研究科協力講座教員を兼務。専門は教育心理学。日本テスト学会理事。雑誌「指導と評価」（図書文化）編集委員。

本書は JSPS 科研費 JP19H05491 の助成を受けて出版したものです。

東北大学大学入試研究シリーズ

変革期の大学入試

2020年6月30日　初版第1刷発行

［検印省略］

監修者	倉 元 直 樹
編　者	宮 本 友 弘
発行者	金 子 紀 子
発行所	株式会社 金 子 書 房

〒112-0012　東京都文京区大塚 3-3-7
TEL 03-3941-0111㈹
FAX 03-3941-0163
振替 00180-9-103376
URL http://www.kanekoshobo.co.jp

印刷・製本／藤原印刷株式会社

ⓒ Tomohiro Miyamoto et al., 2020
ISBN 978-4-7608-6103-3　C3337　Printed in Japan